U0112116

大展好書　好書大展
品嘗好書　冠群可期

運動遊戲 23

# 乒乓球打法與戰術

岳海鵬／編著

大展出版社有限公司

# 作者的話

　　中國是乒乓球運動開展得最爲廣泛、且水平最高的國家，有「國球」之稱。

　　從 1959 年容國團獲得第一個世界冠軍起，到囊括全部冠軍，在四十多年裡，中國乒乓球運動員在各類世界性比賽中獲得過驕人的戰績，確立了堅不可摧的優勢地位。

　　在乒乓球發展道路上，經過幾代人的不斷努力與創新，逐漸形成了乒乓各種打法的獨特風格，並且積極倡導和發展各種各樣的打法，同時鼓勵運動員根據自己的情況來學習外國的新技術、新經驗，不斷地豐富和發展自己的打法。

　　爲進一步普及與推動我國乒乓球運動的發展，提高乒乓球的教學訓練水準，本書根據教學、訓練的實踐經驗，搜集資料與吸取有關科研成果編著而成，以供乒乓球愛好者以及專業工作者參考。

　　本書除了介紹乒乓球運動的起源和發展趨勢以及乒乓球器材的有關知識外，主要從乒乓球的打法入手，著重介紹了目前世界上各種不同的打法及這

些打法的具體技術和技術之間的關係，每一種打法一個或幾個代表人物的詳細圖解。還詳儘地介紹了各種打法的戰術方法、戰術訓練和針對性戰術的運用等內容。

　　本書在編寫過程中得到了乒乓前輩岑淮光先生的悉心指教，還得到了我的老師及同事劉建和、武川洪的幫助與支持，在此表示眞誠的感謝。對書中不足之處，敬請讀者指正。

# 目　錄

## 打法篇

| 戰術篇 |
| --- |

## 知識篇

# 一、乒乓球運動的起源與發展

## （一）乒乓球運動的起源

關於乒乓球運動的起源，各國有不同的傳說。相傳兩千多年前在日本宮廷中就開始流行著一種帶羽毛的毽子遊戲。直到 19 世紀初葉，由於歐洲網球運動的盛行，給乒乓球的誕生打下了良好的基礎。

當時，人們傳說有這樣一個有趣的故事：在英國首都倫敦的某天，天氣炎熱。有兩個青年到一個上等飯館吃飯。飯後，兩個人閒聊時感到很悶熱，於是就拿起雪茄煙盒的蓋子扇起來。後來，他們又揀起酒瓶上的軟木塞子，以當時最盛行的打網球動作，用蓋子把塞子打來打去。此舉吸引了不少食客和侍者觀看。當時，大家把它叫做「TABLE TENNIS」即「桌子上的網球」。英國的新聞界頗感興趣，把它譽為時髦的運動，並做了充分的報導。

知識篇

9

初期的乒乓球活動

　　很快地，英國的一些大學生，以室內餐桌做球臺，採用比草地網球小的橡皮實心球裏上絲織物代替軟木塞，將羊皮紙貼在窄長拍柄，橢圓型球拍兩面作為擊球工具。此種亦稱「小網球」的遊戲，在貴族中很快流行開來。

　　當時，不但英國有這樣遊戲出現，在莫斯科和彼得堡的一些知識分子中間，也流行著一種飛球運動，球是軟木塞插上羽毛製成的。

　　到 19 世紀末，美國也出現了打帶羽毛的球的遊戲，還使用一種外面蒙上一層絲織物的橡皮實心球。

　　與此同時，日本沿海港埠橫濱，外國商船來往頻繁，商行裡經常進行類似乒乓球運動的遊戲。於是日本人也模仿起來，他們把飯桌或製圖桌當作球臺，用毛巾

早期的球拍

或書籍堆起來做球網。球有的是膠質的，有的是絲織物，而球拍則是盛飯的木勺子代替。

在我國傳說在清初時，雲南、四川交界的苗族人民用梧桐或柑子樹的果子曬乾作球；清末在珠江流域一帶，人們把豬尿泡吹氣做成球用木拍在以門板製成的臺子上或地上相互對擊。這就是我國乒乓球運動啟蒙階段的遊戲形式。

1904 年，上海四馬路一家文具店的經理王道平，從日本買來十套乒乓球器材，擺設店中，還親自做打球表演並介紹在日本看到的打乒乓球的情況，從而我國開始有了乒乓球活動。

從以上各種傳說中不難看出，很早以前，在世界各國人民當中，已經有了類似乒乓球運動的各種遊戲。它

們就是乒乓球運動產生的萌芽和基礎。

## （二）乒乓球運動的發展

啟蒙階段的乒乓球運動，沒有統一的名稱和規則。最初這種遊戲叫做（Fitm-Fian），又稱為「高西馬」（Goossime）。記分方法亦有 10 分、20 分、50 分或 100 分為一局的。發球的方法也無嚴格限制，既可以把球先擊在本方臺面再落到對方臺面，也可以將球直接發到對方臺面。

1890 年左右，英格蘭一工程師詹姆斯‧吉布從英國帶回作為玩具的空心賽璐珞球。因球體輕而富有彈性，便產生了用這種小球來替代軟木球和橡膠球的想法。由於當時普遍使用的羊皮紙球拍擊到球和球碰臺而發出「乒乓」的聲音，模擬其聲而稱為「乒乓球」。

1891 年英格蘭人查爾斯‧巴克斯把「乒乓球」作為商業專利權來申請許可證。

1900 年英國成立了乒乓球協會，同年 12 月，在倫敦的皇花大廳舉行了英國的第一次大型乒乓球賽，參加者 300 餘人。開創了乒乓球正式比賽的歷史。

當賽璐珞球出現後，隨之就有了木板拍代替空心的小網球拍，而且拍柄也比以前縮短了。木板拍雖然表面平整、堅硬，但球拍擊球的摩擦力和彈性較小，產生不了多大的旋轉，速度也慢，只能進行平擋與直扣，故打法單調，技術簡單。

1902 年英國人庫特（Goodea）發明了膠皮顆粒拍，它的出現和使用，增加了球拍擊球時的彈性和摩擦力。隨之產生了旋轉和削球打法。由於當時的比賽器材網高臺窄（網高 17.3 公分，球臺寬 146.4 公分），不利於攻球而利於削球。因此，從 1926 年至 1951 年，歐洲以穩削打法稱霸世界乒壇。

　　雖然削球打法增強了乒乓球的旋轉因素，豐富了乒乓球運動的內涵。但是由於當時對比賽時間沒有規定，使得一些比賽冗長而乏味。例如，在第 10 屆世錦賽中奧地利對羅馬尼亞男團決賽進行了 31 個小時；一場單打用了 7 個半小時；一分球花了 1 小時 20 分鐘。

　　為了結束這種「馬拉松」式的比賽，進一步推動乒乓球運動的發展，國際乒聯代表大會的各會員國一致同意，決定對比賽規則與器材進行修改。

　　一是限制比賽時間，規定一場三局兩勝制的比賽不得超過 1 小時，後又修改為一局比賽不得超過 20 分鐘，直到 1961 年第 26 屆世乒賽後，才與現行規則大致相同，即一局比賽開始 15 分鐘後仍未結束，該局剩餘部分和此比賽剩下各局，應實行輪換發球法。

　　二是將球臺寬由 146.4 公分增加至 152.5 公分；球網高度由 17.3 公分降至 15.25 公分。

　　三是將球從軟球改為硬球。這樣一來，猶為攻球技術的發展創造了條件。

　　1951 年奧地利人發明了海綿拍，並在第 18 屆世乒

賽上首次使用，因未獲得出色成績而未引起人們的注意。在1952年第19屆世乒賽上，日本選手佐藤治第一次帶著海綿拍參賽。他充分發揮了遠臺長抽以攻為主的打法，奪得了男子單打世界冠軍。

海綿拍的出現，提高了擊球的速度、力量和旋轉，使乒乓球技術由防守向進攻邁進了一步。日本運用新技術的威力使日本隊從1952年至1959年的7屆世乒賽中共奪得49項冠軍中的24項，打破了歐洲對世界乒壇長達25年的統治地位。再加上器材與規則的修改，從而扭轉了以橫拍削球一統天下的局面，確定了直板以攻為主的打法進入一個新紀元。

50年代末，正當日本隊處於高峰狀態時，我國運動員容國團以其獨特的直拍近臺快攻打法，在第25屆世錦賽上為我國奪得有史以來的第一個世界冠軍。60年代初，日本運動員創造了弧圈球打法；我國運動員形成了近臺快攻，以速度和力量為特點的新打法，使乒乓球運動技術的發展進入了一個比旋轉、比速度的新階段。從這段時間開始，我國選手在歷屆世界比賽中都取得了優異成績。

70年代，歐洲棄守為攻，根據他們橫握球拍打法的特點形成了穩健型弧圈球的打法。無論在旋轉、力量和速度上都有較大的提升，在世界比賽中與中、日抗衡，出現了新的局面。

70年代末80年代初，歐洲的弧圈球在技巧、力

劉國梁

量、速度和旋轉上比亞洲略勝一籌。而亞洲則在原有打
法的基礎上努力創新，力爭處於領先地位。中國在保持
了傳統直拍近臺快攻打法的同時，又發展了快攻結合弧
圈類打法；弧圈結合快攻類打法；削攻類打法等。同時
提倡採用生膠、中長膠等不同性能的球拍和打法，以利
相互促進，不斷發展。

　　1988 年乒乓球被列入奧運會的正式比賽項目後，
此舉極大地推動了世界乒乓球運動的發展，歐亞的抗衡
和競爭將更加激烈。

　　進入 90 年代，以劉國梁為代表的中國直板正膠近
臺快攻選手又創造了「直拍橫打」技術，完善和發展了
傳統直拍快攻打法。

　　從 2000 年 10 月 1 日起，乒乓球運動駛入「大球」

航道。球體直徑從 38 毫米增至 40 毫米。球變大後，球的速度和旋轉相對減弱，擊球的力量相應加大。那麼球板、海綿和膠皮都要適應這種新形勢。因此，改用大球，不僅僅讓所有的乒乓球運動員、教練員站到一個新的起點上接受挑戰，也把乒乓球器材帶進了新時代。

第一次使用 40 毫米大球的第 46 屆世乒賽已經落下帷幕。這屆比賽表明，球速變慢，旋轉減弱，對一些運動員的技術有些影響；但回合增加了，比賽比以往更激烈也更精彩了。可以說，大球革命帶來了積極的變化。

此外，由國際乒聯規則委員會和英國乒協提出的改變發球規則的提案，也在 2001 年 4 月 26 日舉行的國際乒聯代表大會上得到了通過，並將於 2002 年 9 月 1 日開始實施，同時通過的規則修改提案中還有每局由原來的 21 分改為 11 分。

由此可見，在世界乒乓球運動的發展史中，每次大的技術革命，都離不開工具、器材的改革和規則的演變，正是這些變化推動了乒乓球運動不斷向前發展。

# 二、乒乓球組織機構

## (一)國際乒聯

國際乒聯是國際乒乓球聯合會的簡稱，是由參加國際乒聯的各乒乓球組織（簡稱協會）的聯合體。1926

年 12 月 12 日，在伊沃·蒙塔古的母親斯韋思林女士的圖書館裡，國際乒聯正式成立。它的宗旨是發展協會和運動員之間的友好精神和相互幫助；協調各協會之間以及協會同其他團體之間的關係；繼續提升乒乓球技術水準並在全世界擴大對乒乓球運動的參與。

從它成立至今，已成為五大洲 182 個會員協會的大家庭，是國際體壇中享有較高聲譽且引人注目的世界體育組織。

### （二）亞乒聯盟

亞乒聯盟是亞洲乒乓球聯盟的簡稱，成立於 1972年 5 月 7 日，到目前為止，亞乒聯盟共有會員協會約 43 個國家和地區，成為亞洲最大的體育組織。它的宗旨是：增進亞洲國家和地區的人民和運動員之間的友誼；發展亞洲與其他各洲乒乓球界和運動員的友好聯繫；促進亞洲乒乓球運動的普及、發展和提升。

### （三）中國乒協

中國乒乓球協會簡稱中國乒協，成立於 1955 年，

是在中華全國體育總會領導下的單項運動協會之一，是各省、市、自治區、解放軍及各行業系統的乒乓球協會的代表組織。它是以提升乒乓球運動水準和發展各國乒乓球運動員之間的友誼為宗旨，大力開發群眾性、普及性的乒乓球運動基礎上，努力提升乒乓球運動的技術水準，加強與國家乒聯及其所屬機構的聯繫，開展與各國乒乓球技術的交流，積極參加國際乒乓球的活動。

# 三、世界及國內乒乓球重大賽事

## （一）世界乒乓球錦標賽

自 1926 年 12 月倫敦舉辦了第 1 屆世界乒乓球錦標賽至今已舉辦了 46 屆。世界錦標賽比賽項目共七個：男子團體、女子團體、男子單打、女子單打、男子雙打、女子雙打、混合雙打。每項都設有專門的獎杯，名稱分別是：

### 1. 男子團體——斯韋思林杯

是由前國際乒聯主席、英國的蒙塔古先生的母親斯

韋思林女士所贈，故稱「斯韋思林杯」。

### 2. 女子團體——考比倫杯

是由原法國乒協主席馬賽爾·考比倫先生捐贈，故以他的名字命名。

### 3. 男子單打——聖·勃來德杯

是由原英格蘭主席伍德科先生捐贈，因此以倫敦聖·勃來德乒乓球俱樂部的名字命名。

### 4. 女子單打——吉·蓋斯特杯

是由吉·蓋斯特先生捐贈，故以他的名字命名。

### 5. 男子雙打——伊朗杯

是由前伊朗國王捐贈，故以伊朗的國名命名。

### 6. 女子雙打——波普杯

是由前國際乒聯名譽秘書長波普先生捐贈，故以他的名字命名。

### 7. 混合雙打——茲·赫杜塞克杯

是由前捷克斯洛伐克乒協秘書赫杜塞克先生捐贈，故以他的名字命名。

以上七項獎杯都是流動的，各項冠軍獲得者可保存該項獎杯到下屆世錦賽開始前。並享受在獎杯上刻上名字的榮譽。男、女單打如果連續獲得三次冠軍，則由國際乒聯制作一個小於原獎杯一半的復制品，贈獲獎者永久保存。

我國優秀乒乓球選手莊則棟曾因連獲第 26、27 和 28 屆世乒賽男單打冠軍而獲此殊榮。

聖勃來德杯　　　斯韋思林杯　　　吉蓋斯特杯

考比倫杯　　　　　　伊朗杯

波普杯　　　　　茲赫杜塞克杯

## （二）奧運會乒乓球比賽

由國際乒聯申請，1981 年在巴登召開的第 84 屆國際奧委會全體委員會上決定將乒乓球列入 1988 年奧運會正式比賽項目。設男子單打、女子單打、男子雙打和女子雙打 4 塊金牌。

它是先通過預選賽產生 64 名男選手和 32 名女選手，然後正式參加四個項目的比賽。乒乓球進入奧運會後，大大提高了乒乓球運動在國際體壇的地位。許多國家反響強烈，對乒乓球運動項目投入更多的人力、物力和財力，有力地推動了世界乒乓球運動的發展。

## （三）世界杯乒乓球比賽

為進一步推動世界乒乓球運動發展，國際乒聯1980 年 8 月 29 日～31 日在香港舉行了由國際乒聯指定16 名選手參加第 1 屆世界杯乒乓球比賽，參賽者均是世界優秀選手和各大洲單打冠軍及東道主 1 名選手。1990 年又增設了世界杯團體賽和雙打比賽。1996 年 9月在香港舉辦了首屆世界杯女子單打比賽，共 16 名選手。參賽名額確定及競賽方法同男子選手，目前，世界杯比賽尚未設混合雙打比賽。

世界杯乒乓球比賽每年舉行一屆。由於世界杯參賽人數少、比賽時間短、水準高、精彩場次多，很受觀眾歡迎。

### （四）亞洲運動會乒乓球比賽

1974 年 9 月，我國第一次派代表團參加了在德黑蘭舉行的第 7 屆亞運會。亞運會乒乓球也是設七個項目，中國乒乓球隊至今已參加了 7 屆亞運會，並取得了優異的成績。

### （五）亞洲乒乓球錦標賽

這是由參加亞乒聯盟的亞洲各國家、地區各委員協會的乒乓球選手參加的錦標賽。它的比賽項目與世錦賽相同。從 1972 年至今每兩年舉行一次，比賽時間是在每兩屆世錦賽之間的那一年舉行。亞洲乒乓球錦標賽為促進亞洲乒乓球運動的發展作出了積極的貢獻。

### （六）全國運動會乒乓球球比賽

全運會是全國各省、市、自治區、中國人民解放軍以及各大企業體協參加的最大規模的綜合性運動會。從 1959 年至今已舉辦了 9 屆。乒乓球是其中的一個競賽項目，是我國乒乓球最高水準的比賽。

## 四、乒乓球器材介紹

乒乓球除規則規定運動員在同一器械設備上進行比賽外，還允許運動員有一定的自由度選擇自己使用的工

具。因此，工具是否先進或是否被對手適應，是能否戰勝對手的重要因素。乒乓球拍的種類多種多樣，僅膠皮性能就有數十種。伴隨著膠皮拍、海綿拍及長膠拍的發明，都相應地產生一種新的打法，並在一定時間內「剋」住對手，稱雄世界。

工具的創新，其本質也是讓對手產生不適應，抑制住對手的長處，讓其弱點顯露出來。

乒乓球器材分為七大類：球臺、乒乓球、球網、網架、膠皮、海綿、底板。其中底板又分為專業底板與成品板。另外，乒乓球器材還有一些輔助產品。如：記分牌、裁判椅、球拍套等。

在舉行世界錦標賽、洲錦標賽，奧林匹克的比賽、國際公開賽等國際性比賽時，其器材設備必須是經國際乒聯批准的，而在國內舉辦的全國運動會、城市運動會、全國錦標賽、中國乒協錦標賽等大型比賽時，其器材設備也均應由中國乒協從國際乒聯現行批准的牌子和型號中挑選，方可使用。

## （一）球　臺

主要有日本的 Butterfly（蝴蝶），瑞典的 stiga（斯迪卡），以及國內的紅雙喜和雙魚。其他廠商的球臺，和這些世界品牌還是有差距，主要表現在彈性和選料質地上。值得一提的是，國內的紅雙喜球臺和雙魚球臺，在質量上已經達到世界水準。

## （二）乒乓球

### 1.小乒乓球

原標準乒乓球，由化學原料賽璐珞製成，形狀為圓形，重2.5克、直徑38毫米。比賽用球的顏色規定為白色和橙色兩種。小球的彈性較強，從臺面上空30公分處垂直下落反彈高度可達23公分。用力扣殺球速最高可達50米／秒。拉弧圈球時的最快轉速可達176轉／秒。用不同方式摩擦球，理論上能使球產生26種不同的旋轉，常用的旋轉有6～8種。

2000年雪梨奧運會的乒乓球比賽為最後一次正式的小球國際比賽，孔令輝在決賽中以3：2力克瓦爾德內爾，成為小球時代的最後一個冠軍。

### 2.大乒乓球

現國際比賽標準用球。國際乒聯為提高乒乓球比賽的觀賞性，從減弱乒乓球的旋轉速度入手，降低擊球難度，增加擊球板數，委托上海紅雙喜乒乓球廠試製了一種直徑為40毫米的大乒乓球，重2.8克。經測試，大球的拉球平均轉速為116.5轉／秒（小球為133.5轉／秒）；正手扣殺的平均速度為17米／秒（小球為48米／秒）。

國際乒聯於1997年第44屆世乒賽安慰賽中增設大球比賽，並於1998年在中國蘇州舉辦了世界級乒壇明星使用大乒乓球的邀請賽。

在 2000 年中國揚州舉行的世界杯比賽中,大球第一次在大型的國際正式比賽中使用,馬琳在決賽中以3:0 輕鬆戰勝金澤洙,也因此成為大球時代的第一個世界冠軍。

### 3. 乒乓球上面標記的意義

球上有以下的標示。

a. 廠牌名

b. ITTFA(國際乒聯所公認)

c. 等級(廠商所賦予的等級。三顆星為最高級,依次為二級和一級)。

國際乒聯只選用廠商所製造的最佳品質的球。標有兩星以上標證的球才能作為國際乒聯的正式比賽用球。

## (三)海綿和膠皮

### 1. 海綿

海綿的性能是球拍中重要的因素。海綿有厚薄、軟、硬之分。

硬型海綿的厚度在 2.0～2.5 毫米之間,這種海綿反彈力強,速度快,常與反膠皮搭配,適用於拉出上旋強的弧圈球。

次硬型海綿厚度在 2.0 毫米左右,這種海綿軟硬適中,常與正膠皮搭配,適合於快攻打法。

軟型海綿硬度小,彈力較差,但易於控制,擊球穩健,主要靠自身發力的球員比較喜歡。

知識篇

25

薄型海綿厚度在 1.7 毫米左右，彈力較小，能減弱來球衝力，與反膠皮搭配，有利於削球，常為削、攻型選手使用。

　　次薄型海綿厚度在 1.5 毫米左右，常與生膠皮搭配，又稱為「生膠薄海綿」，可為進攻型選手選用。

　　最引人注目的海綿是日本的「碳素炸彈」等炸彈海綿。確實，日本的海綿製作技術屬世界先進水準，使用起來，爆發出來的威力很大，受到了很多專業運動員的青睞，但是，價格也居高不下。

　　國產海綿，還沒有一款能夠真正稱得上「炸彈」的。但是，在普通海綿方面，國產海綿也不乏精品，為了適應大球，很多廠商都推出了 2.2～2.4 毫米的加厚海綿。729 的高彈海綿，銀河的三星專業海綿，紅雙喜的天然海綿，這些都是國產海綿的精品。

## 2. 膠皮

　　主要有正膠皮、生膠皮、反膠皮三種。

　　國外稱正膠皮為顆粒膠，其特點是速度快、彈性強，適合中國式快攻打法，主要型號有 RITC-802、PF4-651、652、871、874，還有環球 889 等。如劉國梁的正膠海綿拍用的是「802」。

　　生膠是從正膠發展而來的，推攻打法的人比較喜歡生膠。主要型號有 RITC-563、799，如王濤的生膠海綿拍用的是「563」型號。

　　反膠表面平整，摩擦力強，拉、攻、削均可，速度

也快。劉國梁的球拍反手一面就是用的「729」反膠。

在膠皮方面，國外的膠皮主要是蝴蝶、yasaka、avollox等品牌，而我國生產的729、紅雙喜、999、銀河、大維、palio、三維等品牌的質量也相當不錯，在速度、黏性、控制性和穩定性方面，都是世界領先水準。特別是729、999、紅雙喜等品牌，更是精品中的精品，不但質量屬上乘，而且價格也比國外品牌低很多。

## （四）底　板

乒乓球球拍是由底板、海綿和膠皮組成的，按重要性排列應該是底板比海綿重要，海綿又比膠皮重要。

底板是由不同的木材及碳素纖維等材料夾合而成的，層數根據打法不同而有所差別，如快攻、快弧多用七層較重的底板，弧圈、弧快多用五層較輕的底板。每一層的纖維形變產生的彈性也各不一樣，通常較硬層的木板彈性較大、初速度快、停球時間短、可製造的旋轉弱、控制較差；較軟層的木板彈性較小、初速度慢、停球時間長、可製造的旋轉強、控制較好。合理的配搭可以配置出最適合自己打法的底板。

目前世界各國使用的底板形狀主要有兩大類：即直拍和橫拍。各國生產的直、橫拍的形狀，絕大多數是橢圓形和長方形的。直、橫拍的拍柄有粗、細、長、短之分。橫拍柄長而略細，直拍柄短而略粗，橫拍還有斜柄

等特殊形狀。

中國、瑞典、日本、德國是生產球拍的大國，品牌很多。經國際乒聯批准使用銷售的球拍也種類繁多。

國外的品牌有 Yasaka（亞薩卡）、Tibhar（剃拔）、Avalox（阿瓦拉）、Butterfly（蝴蝶）、Stiga（斯迪卡）、Joola（尤拉）、Andro（安德諾）、Nittaku（尼塔古）；國內的品牌有世奧得、銀河、郗恩庭、palio、紅雙喜、三維、大維、許紹發、郭躍華等。但是，由於在底板的製作上，國內的合成，烘乾等工藝尚不如國外名牌，所以，在質量上，國內牌子和國外的 Butterfly、Stiga、Nittaku 等名牌相比，還是有差距。

但是，國外名牌底板在價格上相對較高，而國產底板由於相對價格低廉，所以，還是成為了大部分業餘愛好者和初學者的首選，一些對底板不是很挑剔的專業運動員，也認為現在國產底板有了比較大的進步，只要技術好，國產底板也夠用了。

國產底板中，世奧得、銀河、palio、郗恩庭這四家廠商最有實力，產品質量在國產品牌中也是最好的。世奧得的底板，做工最精細，每一款底板給人的感覺都是精雕細刻。銀河的底板，彈性最好，而且價位不高，可謂物美價廉。palio 和郗恩庭的底板引進了日本的一些技術，容易控球。隨著大球改革，國內的底板廠商也推出了適合打大球的底板。世奧得推出了「世紀之劍」

Butterfly（蝴蝶）底板

Joola（尤拉）底板

Tibhar(剃拔）底板

Yasaka(亞薩卡）底板

**銀河底板**

系列；銀河也推出了 992「三碳底板」，提高球速，增強控制。在品種上，各式底板更是品種繁多，五花八門。值得一提的是三維的底板，根據直拍橫打的技術特點，推出了「蘇式直拍」，根據橫拍反手拉球的動作特點，推出了「仿順橫拍」，而且，大膽創新，改革握拍方法，推出了更加符合人體生理學的「仿生球拍」。這些「新式」底板，都申請了專利。

## （五）如何保養乒乓球拍

當你選擇了一塊得心應手的球拍進行練習後，就應注意對球拍進行良好的維護和保養，以適當延長其使用的時間，這一點無論對業餘選手還是專業選手來講，都是非常重要的。因為頻繁地更換球拍會影響打球的效果及訓練的效率，也會增加不必要的開支。

一塊符合規則、可以在正式比賽中使用的球拍，由底板、海綿、膠皮三部分組成。下面就介紹一下有關的保養和使用中的注意事項。

當今底板的流行趨勢已與 60 年代不同，這集中體

現在兩個方面：一是重量輕，60年代直板的重量一般在120～130克，橫板在150～160克，而現在的底板一般在90～100克。二是厚度薄，60年代在6～7毫米，現在是5～6毫米。同時還要保持「吃球、不震手、底勁足」的良好性能，故在選擇材料時，就要用材質相對較輕的木材。

如60年代瑞典的底板常採用樺木，而今天的瑞典底板則多採用梧桐木和棱柱木，這樣就大大降低了球板的重量。但是，由於材質輕、軟、強度弱，底板就更容易損壞。所以，在使用過程中，除了要將底板置於乾燥處保存，防止重壓折斷外，在打球過程中，要特別注意球板與臺面以及地面的碰撞。

影響海綿性能的主要因素有厚度、硬度、彈力、孔徑大小、孔徑個數等因素。因為海綿是一個膨脹體，在使用過程中，不能過分牽拉、重壓，在溫度比較低的地方打球，要注意適當保溫，低溫會影響海綿的彈性。使用單張的膠皮和海綿板，在更換膠皮時，可用低電熨斗燙，使膠皮與海綿之間的膠水充分溶化，以防因換膠皮損壞海綿。膠水可以使海綿發泡，增加彈力，但與底板進行黏貼時，要使用無毒的專用膠水，這樣既可以保護海綿，也可以保護底板。

在乒乓球工具中，膠皮種類繁多，但大體上可以分為反貼和正貼兩類。反貼中包括反膠和防弧膠皮，正貼包括正膠和生膠。由於含膠量的不同，反膠膠皮摩擦力

較大，表面有吸附作用，黏著力強，膠皮與球接觸不易滑動，有利於增加球的旋轉。

　　為了充分發揮這一特點，在使用反膠時，最重要的是要保持膠皮的清潔。不要用有油的手擦拭膠皮。每次打完球後，可用清水將膠皮沖淨，貼上塑料薄膜。如果有清水不易去除的髒物，也可用肥皂等清潔劑洗淨、曬乾後再用。

　　正貼膠皮含膠量低，齒粒硬度大，摩擦力小，膠皮與球接觸的面積小，容易滑動。基於這樣的特點，使用正膠時，要特別注意保持膠皮的乾燥。如果在潮濕的地方打球，可使用乾燥劑擦拭膠皮，以減少膠皮表面的濕度。正貼膠皮的底皮一般都較薄，在與海綿黏貼時，一次不要往膠皮上塗過多的膠水，以防因膠皮打「捲」，而造成無謂損耗。

## 打 法 篇

### 一、乒乓球各種類型打法的分類

乒乓球技術發展至今，共有發球、接發球、攻球、推擋、弧圈球、削球、搓球等多項技術，根據弧線、速度、旋轉、力量及落點等制勝因素的制約和各項技術的組合，目前大致可劃分為五大類型 11 種打法（表1）。從圖 1 所示可以看出技術、打法及類型的層次結構。對於眾多的乒乓球技術，運動員沒有必要也不可能全部掌握，可用幾種具有制勝威力的主要技術為主體與其他技術配套、組合，形成適合自身特點的打法；不同的打法因其具有相同或相似的戰術、風格融合而形成一

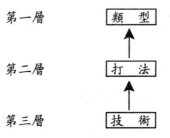

第一層 　類　型

第二層 　打　法

第三層 　技　術

圖1　技術、打法、類型的層次關係

定的類型。

區分乒乓球各種打法和類型，是為了在研究不同選手各具特色的打法基礎上，歸納出它們之間具有的共同規律；在認識了各種類型打法的共同規律之後，再以這種認識為指導，繼續深入研究各種具體打法的特殊規律，從而使球藝不斷提高。

區分類型的主要根據是技術特點、戰術方法及從屬於二者的工具性能，如以速度為主以快打慢、以近制遠的快攻類，以旋轉為主以轉制快、以轉破轉的弧圈類等等；而區分打法的主要根據則是技術特點或技術方法，那些在比賽中使用率和得分率最高的技術，決定著打法特點，如近臺兩面攻、左推右攻等等。

●快攻類

有近臺左推右攻、兩面近臺快攻及兩面攻結合推擋三種打法。

●快攻結合弧圈類

有快攻結合弧圈一種打法。

●弧圈類

有單面拉弧圈、兩面拉或沖弧圈及弧圈結合快攻三種打法。

●削球類

有逼角反攻和轉與不轉削球兩種打法。

●削攻類

有削攻結合，削攻結合推、倒拍兩種打法。

表 1　五種類型 11 種打法表

| 類　　型 | 打　　　　　法 |
|---|---|
| 快　　　攻 | 1.近台左推右攻　2.兩面近台快攻<br>3.兩面攻結合推擋 |
| 快攻結合弧圈 | 1.快攻結合弧圈 |
| 弧　　　圈 | 1.單面拉弧圈　2.兩面拉或沖弧圈<br>3.弧圈結合快攻 |
| 削　　　球 | 1.逼角反攻　2.轉與不轉削球 |
| 削　　　攻 | 1.削攻結合　2.削攻結合推、倒拍 |

# 二、各種類型打法的發展簡況及技術特點

## （一）快攻類打法的發展簡況及技術特點

### 1.快攻類打法的發展簡況

快攻打法是我國傳統打法之一，已有五十多年的歷史。但這類打法的迅速發展和提升，以及技術風格的形成，則是新中國成立以後的事。50 年代末中國隊崛起，中國的近臺快攻打法比起日本的打法更先進、更積極主動。從 1959 年第 25 屆世乒賽容國團奪得男單冠軍

開　始，至 1971 年第 31 屆世乒賽，中國隊同時與歐洲和日本列強抗衡，以近臺快速進攻與技術全面居於世界乒壇先進行列。

我國直拍以攻為主的運動員在掌握了海綿拍以後，站位從中遠臺發展到近臺，出現了快點、快攻、突擊、扣殺等新技術，其打法類型有左推右攻和正、反手兩面攻等，並成為 60 年代世界乒乓球先進技術之一。具有站位近、判斷快、動作小、擊球速度快、變化多的特點，並能攻打各種來球。

早期近臺快攻打法的代表人物之一是上海的楊瑞華。他站位近臺，反手擅長快速推擋調動對方，壓住對方攻勢伺機正手搶攻得分。具有動作小、速度快、控制落點好等特點，稱為「上海式」的左推右攻打法。當時的徐寅生也採用了此種打法。此後的李富榮、周蘭蓀在繼承此種打法的基礎上，進一步加強了反手位推擋的速度和力量，同時為了加強左半臺的主動進攻能力，又加大了側身正手進攻的威力，逐步形成了具有中國特色的以快為主、主動進攻的直拍正膠左推右攻類打法。

直拍左推右攻打法最初輝煌時期的代表人物，當屬第 25 屆世乒賽男單冠軍容國團，他為新中國奪得第一個體育世界冠軍。他早年居住香港，並獲得過香港的乒乓球單打冠軍，還曾以 2：0 擊敗過當時的世界冠軍荻村伊智朗。容國團被稱為乒乓球「智慧型」選手，打球用心、落點巧、速度快、手上的感覺好。他創新的正手

「轉與不轉」發球和反手「轉與不轉」搓球技術，進一步增強了近臺快攻打法的生命力。

從 1959 年第 25 屆世乒賽國際乒聯公布的世界男女前 8 名優秀選手作為本屆單打比賽種子看，中國隊和中國的直拍近臺快攻打法在國際乒壇已佔重要一席。

其排名順序如下：

| 男子排名 | 女子排名 |
|---|---|
| 1. 別爾切克（匈牙利） | 1. 江口富士枝（日本） |
| 2. 荻村伊智朗（日本） | 2. 海頓（英國） |
| 3. 成田（日本） | 3. 高基安（匈牙利） |
| 4. 王傳耀（中國） | 4. 松崎君代（日本） |
| 5. 容國團（中國） | 5. 邱鍾惠（中國） |
| 6. 梅文和（越南） | 6. 難波（日本） |
| 7. 西多（匈牙利） | 7. 西蒙（荷蘭） |
| 8. 斯蒂貝克（捷克） | 8. 孫梅英（中國） |

容國團在第 25 屆世乒賽中，以高昂的鬥志和近臺快攻打法連續戰勝歐洲、日本和美國多位名將闖入決賽。1959 年的 4 月 5 日在聯邦德國的多特蒙德威斯法倫體育館，是中國乒乓球歷史里程碑上一個值得記住的時刻，中國的直拍快攻向削中反攻的歐洲防守型打法發起了挑戰。容國團運用發球與搓球的旋轉變化、正手提拉側上旋球過渡、尋機結合重扣的戰術擊破了西多削中逼角反攻的戰術，以 3：1 擊敗西多奪得男子單打冠軍，捧回聖·勃萊德杯，為中國乒乓球運動寫下了輝煌

容國團

的篇章。

　　此屆世乒賽，直拍近臺快攻打法的邱鍾惠獲女單第
3 名，邱鍾惠和孫梅英獲女雙第 3 名，王傳耀和孫梅英
獲混雙第 3 名。這些成績標誌著中國近臺快攻打法的崛
起。

　　在第 26 屆世乒賽上，莊則棟奪得男子單打冠軍，
邱鍾惠奪得女子單打冠軍，中國隊還奪得男單、女雙和
混雙 3 項亞軍，8 項第 3 名。中國乒乓球隊的勝利，標
誌著世界乒乓球運動從此發生了格局上的變化，進入了
一個中、日兩隊長期較量和抗衡的新時期，歐洲的傳統
削球以守為主及防守反擊打法進入低潮階段。

　　經過第 27 屆世乒賽以後的探索和試驗，特別是經
過中國隊 1970 年訪問歐洲以後的研究和總結，直板快

莊則棟

攻打法有了較快的發展和提高。在第 32 屆世乒賽上，我國運動員郗恩庭採用直板反膠快攻結合弧圈打法，先後戰勝各國多名優秀選手，奪得男子單打世界冠軍，這也是我國直板反膠打法的運動員第一次登上世界乒壇頂峰。其後，我國又湧現出了許多此種打法的優秀運動員，如郭躍華、曹燕華、齊寶香等。

80 年代後期，由於歐洲強烈弧圈球打法的迅速崛起，歐洲選手的威脅越來越大，直至 1989 年多特蒙德第 40 屆世乒賽，以陳龍燦、江嘉良領銜的中國隊 0：5 敗給瑞典隊。此後，直拍快攻打法遭到了廣泛質疑，橫拍打法開始在國家隊裡佔據上風。直拍由於反手位的弱點一度受到冷落。

從某種意義上說，劉國梁以及他的直拍橫打是中國

打法篇

劉國梁

傳統直拍打法的「救星」。儘管直拍橫打並不完善，但至少給直拍對抗橫拍的前景帶來了一線光明。橫打在相持以及臺內球突擊的作用日趨顯著，加上直拍固有的手腕靈活、線路變化多等優點，使人們對直拍打法的發展增強了信心。隨著馬琳、閻森、馮喆等直拍選手的脫穎而出，經過反手技術革新的傳統打法又煥發了青春。

這些都說明，打法的訓練指導思想、技戰術組合、打法風格等方面只有創新和發展，才能適應世界乒乓球運動的發展潮流。

### 2.快攻類打法的技術特點

快攻打法是我國傳統打法之一，快攻打法之所以能在 60 年代成為世界各種打法中的先進打法之一，一個

重要原因就是它在同世界各種打法的反覆較量中，總結了勝利和失敗兩個方面的經驗和教訓，逐步形成了「快、準、狠、變、轉」的技術風格。這種風格，反映了乒乓球運動距離近、臺面小、球速快、變化多的特點，比較全面地概括了進攻行動所需要的幾個要素。

從戰術觀點分析，進攻行動首先要求快，「兵貴神速」，只有以快打慢，才能爭得時間，贏得主動；但快了容易失誤，所以要求又快又準。有了快準，還要有狠，只有發揮強大的攻擊力，才能壓制對方，得分取勝。在快、準、狠的基礎上，還要求變化，只有不斷調動對方，才能掌握比賽的主動權。快、準、狠、變、轉這五個要素各有特色，它們之間既相互區別，又相互聯繫，是辯證的統一。而其中快是主要方面，這是快攻打法區別於其他打法的鮮明特色。

快攻打法的技術特點有如下表現：

（1）站位離臺近（40～50公分）：目的在於縮短球在空中運行的距離，以爭取時間。

（2）擊球上升期：借以縮短對方回球的準備時間，迫使對方措手不及。

（3）動作幅度較小：在較小的幅度內發揮強有力的進攻，以使動作快速，重心穩定，回復原位及時。為此要強調發揮前臂及手腕的作用。

（4）步法移動活：為適應上述特點，要求反應判斷敏捷，步法靈活，及時到位，不能手快腳慢。

（5）突擊進攻多：為了爭取主動而採取突然襲擊和連續進攻的次數多、密度大，以迫使對方連續防禦而難於反擊。

（6）出其不意、攻其不備：要求進攻時突然性要強，出乎對手的意料，使其猝不及防。為此，還必須發現對方弱點快，改變戰術快，如聲東擊西、快中有慢、慢中有快，突然進攻等等。

快攻類中幾種打法的主要區別在於：

（1）左推右攻：這種打法的特點是以近臺的正手攻球作為進攻的主要手段，以反手推擋作為助攻和防禦的手段。當還擊對方發過來或搓過來的左半臺的球時，由於推擋對付下旋或混旋的球有一定困難，多採用側身正手搶攻或拉攻來爭取主動。當左半臺出現機會時，常用側身發力進攻。

（2）近臺兩面攻：這種打法的特點是以正反手兩面進攻作為得分的主要手段。當還擊對方發、搓或攻過來的左半臺的球時，多採用反手攻球來還擊。

## （二）快攻結合弧圈類打法的發展簡況及技術特點

### 1.快攻結合弧圈類打法的發展簡況

快攻結合弧圈類打法的出現是在第26屆世界乒乓球錦標賽以後的事。

1961年在北京舉行的第26屆世乒賽上，當時中國

的近臺快攻和日本的弧圈球都表現了鮮明的特點和強大的威力，對以後乒乓球技術的革新和創造起了很大的推動作用。在中、日兩國主流打法的基礎上，各國一些有志於創新的選手開始探索新的途徑。

第 26 屆世乒賽以後，我國就有些選手在快攻打法的基礎上，使用反膠和正膠學習拉弧圈球，並把快攻和弧圈結合起來加以運用，形成了以快攻為主、弧圈為輔的打法。李莉、李赫男就是快攻結合弧圈打法的初期代表。她們都曾經作為中國隊的代表，參加了第 27、28 屆世乒賽。當時這種打法雖處於萌芽時期，但已引起人們普遍的關注。

到了 60 年代的中、後期，歐洲許多人開始棄守為攻，在探索和創新的打法過程中，根據橫拍攻球的特點，把中國快攻和日本弧圈的優點很好地結合起來，從而創造了以近臺兩面攻為主結合弧圈的新型打法。

這種打法以瑞典選手本格森為代表，他在第 31 屆世乒賽中分別戰勝了日本、中國及其他國家的選手，獲得了男子單打冠軍的優異成績。目前這類打法已在歐洲普遍風行起來。

我國快攻結合弧圈打法，經過第 27 屆以後的探索和試驗，特別是經過中國隊 1970 年訪問歐洲以後的研究和總結，有了較快的發展和提高。

在第 31 屆世界乒乓球錦標賽中，當我國快攻打法未能搶攻在前時，使用了搶先拉弧圈球的辦法，用以減

少對手拉弧圈的機會或減弱對手拉弧圈的旋轉，迫使對手和我打快攻，以發揮傳統快攻的特長，取得了良好的成績。

到了第 32 屆世界乒乓球錦標賽，我國選手繼續採用這種先拉上旋球的辦法仍然見效，郗恩庭用反貼快攻結合弧圈的打法，先後戰勝了捷克斯洛伐克、南斯拉夫及瑞典等國選手，獲得了男子單打冠軍。

經過不懈努力，進入 90 年代，我國橫拍快攻結合弧圈打法的選手進一步繼承了直拍近臺快攻和歐洲弧圈球打法的特點，確立了「轉、快、準、狠、變」的技術風格（註：與快攻的技術風格不同）。加強了正手攻球力量和反手技術的基本功，在一系列國際比賽中取得越來越顯著的戰績。

馬文革從快攻起步，吸取歐洲兩面拉弧圈球的優點，形成了具有中國特色的橫拍快攻打法，具有「快、轉、全」的特點。上手快、出手快、球速快；拉出的弧圈球前衝力強，在主動、相持或被動時以轉起到破壞和控制對手進攻的作用。他曾多次獲得世界杯賽及世錦賽的冠軍。

王濤是橫拍快攻結合弧圈打法。正手反膠、反手生膠，其反手彈擊打法速度之快令對手難以招架，他的正手搶拉弧圈球、反帶弧圈球技術也達到爐火純青的高度。他是第 43 屆、44 屆世乒賽男團冠軍隊主將。在1995 年 11 月 10 日國際乒聯公布的世界優秀乒乓球運

馬文革

王　濤

動員排名中，王濤排名列世界第一。

　　鄧亞萍也是橫拍快攻結合弧圈打法。正手反膠、反
手長膠，以「狠、準、快」的技術風格和頑強拼搏作風
著稱。鄧亞萍共為中國乒壇獲得 18 個世界冠軍。是乒

鄧亞萍

壇歷史上獲得乒乓球世界冠軍「大滿貫」的女選手。

### 2.快攻結合弧圈類打法的技術特點

快攻結合弧圈的打法是以速度為主，旋轉為輔，把速度和旋轉很好地結合起來，能快則快，不能快時以旋轉控制為爭取主動創造條件。這類打法的技術特點主要是：近臺打快攻時有速度；正手拉弧圈球尤其是拉前衝弧圈球時，既有強烈的旋轉又有較快的速度；反手以快撥為主。正手快攻和拉弧圈球相結合，快攻是主要的得分手段，主動時運用弧圈球為進攻開路，拉出機會球後進行扣殺，轉為進攻；被動時退至中臺，以弧圈球來相持過渡，伺機反攻。

實戰中，這類打法能時而快攻，時而拉弧圈球，能

近臺快抽、快撥和搶衝，也能離臺拉弧圈作相持或過渡，形成了能攻能防的比較先進和全面的打法。

橫拍快攻結合弧圈球打法，是歐洲橫拍選手在繼承傳統兩面攻打法的基礎上，吸取中國快攻的優點和學習日本弧圈球的長處後而形成的一種速度與旋轉相結合的打法。它與以旋轉為主的橫拍弧圈球打法幾乎是同時出現的，並在70年代初得到了較快的發展。

橫拍快攻結合弧圈的打法，站位中、近臺，反手以快為主，正手能拉能扣，有的以快攻為主，有的則以前衝弧圈球為主，特點是速度較快。弧圈球是進攻的一項重要技術，並在被動時用來相持、過渡，伺機反攻，充分發揮了速度與旋轉相輔相成的作用。

橫拍快攻結合弧圈球的打法以正手或側身用正手拉弧圈為核心技術。正手快攻、快點、扣殺，反手快撥、快拉，對弧圈球正手快帶；因站位近臺，故爆發力強，近、中臺均能「爆衝」，打、拉結合熟練；接發球正、反手快搓，擺短及劈長或撇側旋，半推半搓等變化較多。

橫拍快攻結合弧圈球打法的特點是既凶狠又快速，運用發球後的搶拉、搶衝為第一衝擊波，突出了凶狠，突出了正手和側身，儘量用正手進攻。若是接發球則搶先上手，動作速度快，並能中、近臺爆衝。橫拍快攻結合弧圈球打法搶先發力的意識強，打的比例增加，並注意落點刁鑽，充分體現以凶為主、狠中求準，狠快結合

特色。這種打法強調強上手、強轉換，但較忽視強相持，節奏比較單一，缺少打多回合的能力。

## （三）弧圈球結合快攻類打法的發展簡況及技術特點

### 1.弧圈球結合快攻類打法的發展簡況

弧圈球的發展歷史不算太長，但其發展速度卻比較快。弧圈球結合快攻類打法，是世界乒壇各種進攻打法之一。在國際間正式比賽中第一次出現弧圈球是在 20 世紀 60 年代。

1959 年當我國快攻選手容國團在第 25 屆世乒賽中取得了男子單打冠軍以後，日本選手為了對付中國快攻打法和歐洲削球打法，研究和創造了弧圈球技術，並在 1960 年 6 月匈牙利和南斯拉夫隊訪問日本時，第一次使用弧圈球迎戰匈南聯隊而獲得了成功。賽後，有人把它稱為日本的一種新打法。

1961 年在北京舉行的第 26 屆世乒賽上，日本選手荻村、星野等採用弧圈球打法來對付中國和其他各國選手。由於弧圈球具有上旋強、衝力大的特點，使歐洲許多削球打法的選手防守比較困難，因而獲得了很好的成績。在對付中國快攻選手時，雖然有一定的威脅，但由於它還處於初期的發展階段，技術比較簡單，戰術不夠成熟，所以沒有取得顯著效果。然而它的出現，已經引起了普遍的重視。

第 26 屆世乒賽以後，我國有些運動員開始學習拉弧圈球的技術，結合中國原有的快速進攻和反手推擋的特點，逐步形成了具有中國特色——出手快、線路活、旋轉多變的弧圈球打法。在第 27 屆世乒賽中，我國弧圈球打法的選手余長春在和世界各國選手比賽中，即取得了較好的成績，進入了單打比賽的前八名。此後，我國還培養出一些拉弧圈球的選手。目前弧圈球已經成為我國重要打法之一。

　　孔令輝是這種打法的突出代表，他是橫拍兩面反膠弧圈結合快攻打法。技術全面、打法穩健、心理素質穩定，綜合技術實力較強，打球的節奏感和控制球能力好，打法穩中帶凶，多次取得優異成績，是繼劉國梁之後我國第二個奪得「大滿貫」的男選手。

孔令輝

　　目前歐洲選手中有相當多的人運用這種打法，他們經過多年的實踐和總結，把弧圈球打法從速度慢、旋轉變化不大、單面拉的初級階段，發展到速度快、旋轉強、正反手都能拉的高級階段，使其顯示出更大的威力。

打法篇

49

瓦爾德內爾

　　瑞典的瓦爾德內爾採用兩面拉弧圈球打法，他創造性地將直握拍發球手腕靈活、發球時通過握拍手指的變化加以調節的特點，移植到橫式握拍法上，極大地推動了歐洲運動員前三板球技術的提高。他將中國近臺快攻與歐洲中遠臺兩面拉弧球融合為一體，把各種技術不斷重新組合優化，形成了全方位的攻防轉化、攻守結合的技術風格。多次獲得世界大賽的冠軍，是世界乒乓球歷史上獲得三大賽事冠軍「大滿貫」第一位男選手。

　　比利時的塞弗是橫拍兩面拉弧圈球打法。他從接發球開始就積極主動進攻，正手拉球具有旋轉強、速度快的特點，而且連續拉衝範圍大。能中近臺兩面拉，也能近臺以正手為主，打法凶狠。曾獲 1993 年第 42 屆世乒賽男子單打亞軍和 1994 年歐洲錦標賽男子單打冠軍。

乒乓球打法與戰術

50

**普里莫拉茨**

　　普里莫拉茨是橫拍兩面拉弧圈球的打法，他以擅長打雙打從克羅地亞走上世界乒壇，與南斯拉夫的盧庫萊斯庫合作曾獲 1987 年第 39 界世乒賽及 1988 年第 24 屆奧運會男子雙打亞軍。他擅長正反手兩面快拉弧圈球，步法靈活，相持能力強。面對歐洲俱樂部的訓練和激烈競爭的需要，他逐漸向近臺加快速度及更加凶狠的方向發展。

　　德國的羅斯科夫是橫拍兩面拉弧圈球打法。他反手弧圈球上手快、力量重，以凶狠著稱。站位近臺，側身搶攻積極，由相持球先轉入主動，發力前衝或發力扣殺為主要得分手段，是 1989 年第 40 屆世乒賽男雙冠軍。

　　白俄羅斯的薩姆索諾夫是兩面反膠弧圈球結合快攻打法，技術全面、細膩，沒有明顯漏洞，前三板球、臺內小球和相持球有較強實力，其打法穩中帶凶，攻防轉換能力強，正反手均能拉出高質量的弧圈球。在歐洲職

薩姆索諾夫

業俱樂部聯賽中保持極高的勝率，並在世界性比賽中多次獲得佳績。

### 2.弧圈球結合快攻類打法的技術特點

弧圈球結合快攻類打法的主要特點是站位中近臺，正、反手兩面拉，以正手拉為主，有一定快攻能力，以弧圈球為主要得分手段，用前衝弧圈球代替扣殺。與攻球相比較，弧圈球有較多的擊球時機。發力攻球時一般在來球反彈的最高點擊球命中率才較高，因此有一個準確把握住最高點時機的問題，如果把握不住這一瞬間而在上升期或下降期擊球，一是難度大，二是失誤多。

而弧圈球則可以在高點期搶拉前衝弧圈球，在下降期拉加轉弧圈球，拉出的弧圈球既有較快的速度，又有強烈的旋轉。採用以轉制快和以轉破轉，利用上旋衝力迫使對手離臺後退防守；或以下旋結合上旋（如發球搶拉、搓拉結合）、轉與不轉（真假弧圈）的辦法擾亂對

方；或運用快慢的結合（如快推、快撥中突然拉弧圈球）來破壞對方擊球的節奏等方法，為衝殺或扣殺創造機會。弧圈球能穩健地回擊出臺的強烈下旋球及比網低的任何來球。在低球不好突擊或強烈下旋球突擊難度較大、容易失誤的情況下，由於弧圈球上旋強，能獲得較高的命中率。

弧圈球結合快攻類打法正、反手兩面都能拉加轉與前衝弧圈球，側身正手搶拉、搶衝使用率高。孔令輝式的中國弧圈球打法穩中見凶，以快為主，快中見狠，快狠結合；瓦爾德內爾式的瑞典弧圈球打法全面均衡，狠快兼備，穩中帶凶；而羅斯科普夫的歐洲式則以狠為主，狠中見快，狠快結合。

這些各具特色的打法形成不同流派。中國式保持了前三板特長，相持球、攻防轉換強於歐洲，反手能為正手創造更多機會；歐洲式凶狠見長，兩面能夠多種落點使用「爆衝」弧圈球；瑞典式則是全能型，技術全面，拉、打、撥、彈打等配合運用較好。

## （四）削球和削攻類打法的發展簡況 及技術特點

### 1. 削球和削攻類打法的發展簡況

削球類打法是歐洲橫拍的傳統打法之一，它的形成和發展，較之快攻打法和其他打法還要早些。

20 世紀 30 年代初期，歐洲已從木拍向膠皮拍過渡。由於工具的改進，使得拍對球的摩擦力有了增強，

促進了削球技術的提高。在球臺較窄、球網較高的有利條件下，削球打法很快在歐洲各國發展起來。如1931年取得世界男子單打冠軍的匈牙利選手沙巴多斯，就是一個以削球為主的好手。

早期的削球打法是防守穩固，不易失誤，但缺乏攻擊能力，得分也難。因而在世界比賽中，出現了長時間的「馬拉松」式的對磨戰，妨礙了乒乓球技術的發展。削球的盛行增強了乒乓球旋轉因素的重要地位，豐富了乒乓球運動的內涵。但是，比賽時間的延長和單調的防守打法給比賽觀賞性帶來一些弊端。例如，1936年在布拉格舉行的第10屆世界錦標賽，據當時的羅馬尼亞男隊主力法爾卡斯‧帕內特回憶，男子團體半決賽對波蘭隊時，他第一個對手是波蘭削球名將埃赫爾利赫。比賽一開始，雙方都以穩削戰術同對方抗衡，誰也不想輕易起板，結果你來我往達125分鐘，場上比分仍為0：0，最後對方打了一個擦邊球才首開記錄。由於比賽時間過長，觀眾看得乏味，甚至有人將香蕉皮擲到球臺上以示不滿。

在男團決賽中，羅馬尼亞和奧地利兩隊均是三名削球手出陣。由於水準相當、技術打法相同，均穩削死守等待對方失誤。結果使比賽進行了31個小時。

1937年國際乒聯對球臺的寬度、球網的高度作了適當的修改（即目前的標準），並規定了比賽的時間，這些都促進了攻球技術的提高，並逐步出現了一些攻守

結合以攻為主的打法。如善於反手抽球的匈牙利選手巴納和善於正手攻球的捷克斯洛伐克選手瓦納等，就是這種打法的代表。

第二次世界大戰以後，削球打法在技術上又有了新的提升，接連出現了一批採取以穩削為主伺機反攻的好手，如英國的伯格曼、李奇，匈牙利的法卡斯（女）等，在40年代後期的幾屆世界比賽中取得了良好的成績，使削球打法成為歐洲的主流打法。

進入60年代以後，進攻技術又有了新的發展，不僅中國快攻打法作為一支新興力量進入世界乒壇，同時，日本選手也創造了具有強烈上旋的弧圈球技術。在亞洲直拍強大的攻勢衝擊下，使歐洲橫拍削球打法受到嚴重考驗，是克服困難堅持下去；還是棄守為攻另走新路，成為當時歐洲選手面臨的課題。

在此期間，一批各具特色的中國直、橫拍削球選手卻相繼出現在世界乒壇。張燮林魔術師般削球結合反攻的打法，王志良的轉與不轉削球結合反攻的打法，林慧卿、鄭敏之的中近臺逼角結合反攻的打法等，在第27、28屆世界乒乓球錦標賽中都取得了出色的成績並引起了國際乒乓球界的震驚；對許多以削為主打法的運動員起了鼓舞的作用。

張燮林採用的長膠削球打法，因膠皮性能差異，回擊球的性能與一般膠皮拍不同：如搓過來的球應是屬下旋，可用此拍搓的球不轉甚至是上旋，對手用拍一碰就

出高球；推擋的球應屬不轉，用此拍推的球卻略帶下旋，一碰則下網；此外削出的球飄忽不定使對手難以琢磨，無法判斷和適應。從而創新了直拍「長膠」削中反攻新打法。在第 26 屆世乒賽單打比賽中頭一次亮相，便削倒了日本隊主將星野和三木。作為「秘密武器」參加第 27 屆世乒賽，為中國男隊蟬聯男團冠軍立下汗馬功勞。並與削球手王志良合作，獲得此屆世乒賽男雙冠軍。

張燮林與王志良以削為主、削中反攻打法的勝利，給防守型打法帶來了希望和生機。說明防守型打法只要有所創新，同樣會有所發展開攀登乒壇高峰。

在第 28 屆世乒賽後，愛動腦筋的王志良大膽把自己反手的反貼膠皮換上張燮林使用的那種長膠。這樣正、反兩面的膠皮性能（正手為反膠、反手為長膠）不同，削出的球轉與不轉差距更大，結合轉動拍面接發球造成對方失誤，往往會使對手不知所措。

進入 90 年代後，削球向削攻的方向發展得更為明顯。丁松是橫握球拍的削球手，他正手貼反膠、反手貼正膠，削中帶攻，有很強的攻擊力，有「攻中削」型和「攻削緊逼」型打法之稱。在第 3 屆世界杯團體賽中與隊友合作獲男子團體冠軍。1995 年第一次參加世乒賽的丁松，在第 43 屆世乒賽團體決賽中出任中國第三單打，以 2：0 輕取當時排名世界第 9 位的瑞典隊卡爾松，為奪得斯韋思林杯立下戰功，並被本屆世乒賽組委

張燮林

會評為最佳男運動員。

丁松的「怪異」打法給乒壇注入了新的內容。因為在攻擊型選手眼裡，丁松是削球手；在防守型選手眼裡，丁松是攻擊手，令人捉摸不定。加之他在轉與不轉、上旋與側旋或下旋的隨機轉化中，更使他這種全攻全守型的打法引人關注。徐寅生稱讚丁松是「有史以來進攻力最強的削球手」。在目前世界上防守打法日益減少的情況下，丁松能堅持這一打法十分難得。

丁松在這一打法中融進了前人沒有的新東西，形成了自己的特點：一是進攻能力較強；二是攻守轉化處理得好；三是「有膽量」。

### 2. 削球和削攻類打法的技術特點

削球技術的特點概括起來有兩點：第一是穩健性，第二是積極性。

削球的穩健性主要表現在站位離臺比較遠，較多地

丁　松

在來球的下降期擊球。這樣就使得自已有比較充裕的準備時間；同時由於來球的速度、旋轉在下降期已減弱，因而也就比較容易回擊。削球的積極性主要表現在旋轉變化和落點變化上，運用加轉與不轉的削球結合左、右、長、短的落點變化，常會使對方難以攻擊，造成被動或失誤。

　　在弧圈球沒有出現之前，人們注意發揮削球的穩健性方面多於積極性方面。那時採用穩守打法的比較多，攻勢較弱，旋轉變化也較少。自從弧圈球打法出現以後，單純的穩削已顯得越來越被動，只有在加強削球下旋的基礎上去從事旋轉變化和落點變化，才能在比賽中獲得更多的主動，這實際上把削球的積極性方面提到了一個新的高度。為了達到這個目的，提升削球技術質量就具有十分重要的意義。

　　在進行削球技術訓練時，必須要求削好弧圈球和接

好長、短球。50 年代末和 60 年代初，削球選手在比賽中遇到的對手大多採用輕拉突擊和搓中突擊的戰術，那時拉球的旋轉不強，威脅不大，因此削球運動員的站位一般都比較近臺，在削球中運用逼角的戰術也比較多，削球動作也大多以前臂和手腕用力為主，上臂發力較少。隨著弧圈球的出現，拉球的旋轉有了很大的增強，其變化也越來越多，這就要求削球選手在站位上與 50 年代相比離臺要遠得多，腳步移動的範圍也要大得多，而在削球時還要注意運用上臂、腰腹以及下肢來輔助用力。

　　而削攻類打法技術特點是以削球與攻球為主體技術。正、反手削球是運用轉與不轉的旋轉變化，正手是拉弧圈、攻球、搶拉反攻，而發球、搓球則運用「倒拍」。削攻打法向凶狠、快慢節奏變化的方向發展。削球的旋轉、線路變化與適時反攻，繼而連續進攻，開闊了削球技術創新的思路，使削中反攻更加凶狠。削攻類打法在中臺削球中反拉弧圈，在一定程度上解決了攻、削脫節難題，並改變在削、搓中只能搶攻下旋而不能搶攻上旋的狀況，這是削、攻結合打法新的突破。

# 三、各種類型打法的主要技術

## （一）快攻類打法的主要技術

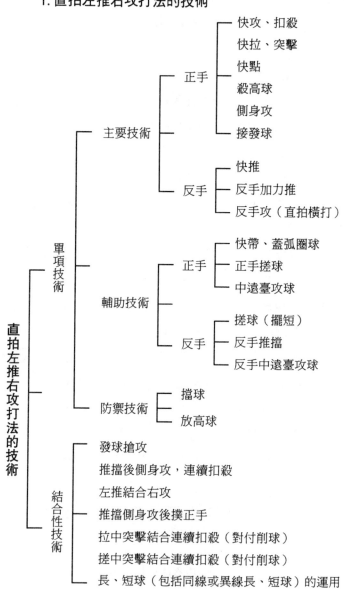

## 1. 直拍左推右攻打法的技術

**直拍左推右攻打法的技術**

- **單項技術**
  - **主要技術**
    - 正手
      - 快攻、扣殺
      - 快拉、突擊
      - 快點
      - 殺高球
      - 側身攻
      - 接發球
    - 反手
      - 快推
      - 反手加力推
      - 反手攻（直拍橫打）
  - **輔助技術**
    - 正手
      - 快帶、蓋弧圈球
      - 正手搓球
      - 中遠臺攻球
    - 反手
      - 搓球（擺短）
      - 反手推擋
      - 反手中遠臺攻球
  - **防禦技術**
    - 擋球
    - 放高球
- **結合性技術**
  - 發球搶攻
  - 推擋後側身攻，連續扣殺
  - 左推結合右攻
  - 推擋側身攻後撲正手
  - 拉中突擊結合連續扣殺（對付削球）
  - 搓中突擊結合連續扣殺（對付削球）
  - 長、短球（包括同線或異線長、短球）的運用

## 2. 直拍兩面攻打法的技術

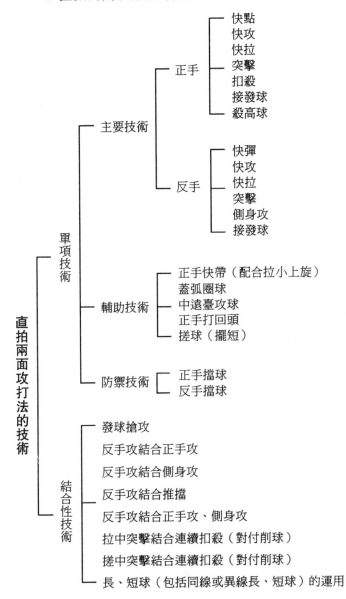

- 直拍兩面攻打法的技術
  - 單項技術
    - 主要技術
      - 正手
        - 快點
        - 快攻
        - 快拉
        - 突擊
        - 扣殺
        - 接發球
        - 殺高球
      - 反手
        - 快彈
        - 快攻
        - 快拉
        - 突擊
        - 側身攻
        - 接發球
    - 輔助技術
      - 正手快帶（配合拉小上旋）
      - 蓋弧圈球
      - 中遠臺攻球
      - 正手打回頭
      - 搓球（擺短）
    - 防禦技術
      - 正手擋球
      - 反手擋球
  - 結合性技術
    - 發球搶攻
    - 反手攻結合正手攻
    - 反手攻結合側身攻
    - 反手攻結合推擋
    - 反手攻結合正手攻、側身攻
    - 拉中突擊結合連續扣殺（對付削球）
    - 搓中突擊結合連續扣殺（對付削球）
    - 長、短球（包括同線或異線長、短球）的運用

## （二）快攻結合弧圈類打法的主要技術

### 1.直拍快攻結合弧圈球打法的技術

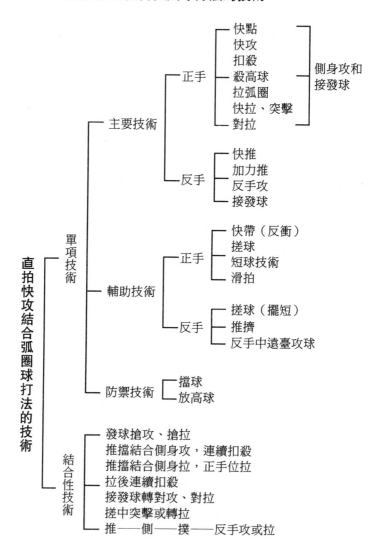

## 2. 橫拍快攻結合弧圈球打法的技術

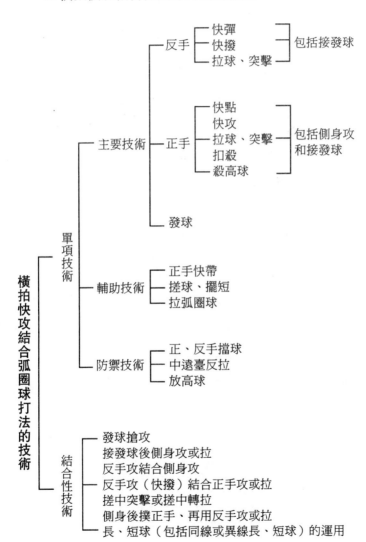

橫拍快攻結合弧圈球打法的技術
- 單項技術
  - 主要技術
    - 反手
      - 快彈
      - 快撥
      - 拉球、突擊
      - 包括接發球
    - 正手
      - 快點
      - 快攻
      - 拉球、突擊
      - 扣殺
      - 殺高球
      - 包括側身攻和接發球
    - 發球
  - 輔助技術
    - 正手快帶
    - 搓球、擺短
    - 拉弧圈球
  - 防禦技術
    - 正、反手擋球
    - 中遠臺反拉
    - 放高球
- 結合性技術
  - 發球搶攻
  - 接發球後側身攻或拉
  - 反手攻結合側身攻
  - 反手攻（快撥）結合正手攻或拉
  - 搓中突擊或搓中轉拉
  - 側身後撲正手、再用反手攻或拉
  - 長、短球（包括同線或異線長、短球）的運用

# （三）弧圈球結合快攻類打法的主要技術

## 1. 直拍弧圈球結合快攻打法的技術

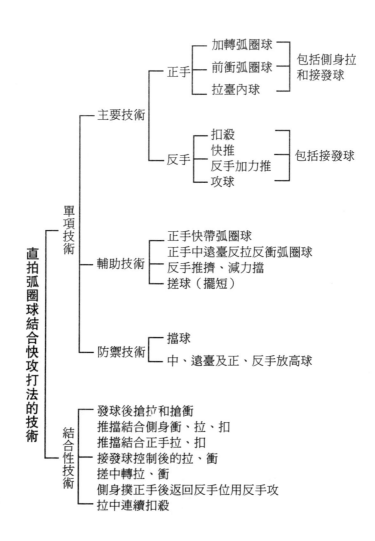

## 2. 橫拍弧圈球結合快攻打法的技術

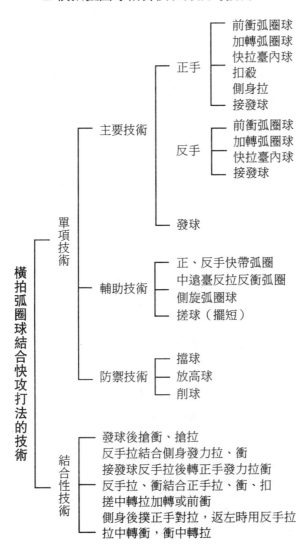

橫拍弧圈球結合快攻打法的技術

- 單項技術
  - 主要技術
    - 正手
      - 前衝弧圈球
      - 加轉弧圈球
      - 快拉臺內球
      - 扣殺
      - 側身拉
      - 接發球
    - 反手
      - 前衝弧圈球
      - 加轉弧圈球
      - 快拉臺內球
      - 接發球
    - 發球
  - 輔助技術
    - 正、反手快帶弧圈
    - 中遠臺反拉反衝弧圈
    - 側旋弧圈球
    - 搓球（擺短）
  - 防禦技術
    - 擋球
    - 放高球
    - 削球
- 結合性技術
  - 發球後搶衝、搶拉
  - 反手拉結合側身發力拉、衝
  - 接發球反手拉後轉正手發力拉衝
  - 反手拉、衝結合正手拉、衝、扣
  - 搓中轉拉加轉或前衝
  - 側身後撲正手對拉，返左時用反手拉
  - 拉中轉衝，衝中轉拉

# （四）削球和削攻類打法的主要技術

## 1. 直（橫）拍削中反攻打法的技術

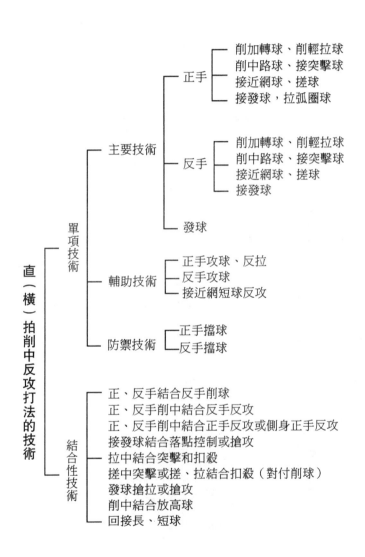

直（橫）拍削中反攻打法的技術
- 單項技術
  - 主要技術
    - 正手
      - 削加轉球、削輕拉球
      - 削中路球、接突擊球
      - 接近網球、搓球
      - 接發球，拉弧圈球
    - 反手
      - 削加轉球、削輕拉球
      - 削中路球、接突擊球
      - 接近網球、搓球
      - 接發球
    - 發球
  - 輔助技術
    - 正手攻球、反拉
    - 反手攻球
    - 接近網短球反攻
  - 防禦技術
    - 正手擋球
    - 反手擋球
- 結合性技術
  - 正、反手結合反手削球
  - 正、反手削中結合反手反攻
  - 正、反手削中結合正手反攻或側身正手反攻
  - 接發球結合落點控制或搶攻
  - 拉中結合突擊和扣殺
  - 搓中突擊或搓、拉結合扣殺（對付削球）
  - 發球搶拉或搶攻
  - 削中結合放高球
  - 回接長、短球

## 2. 橫拍攻削結合打法的技術

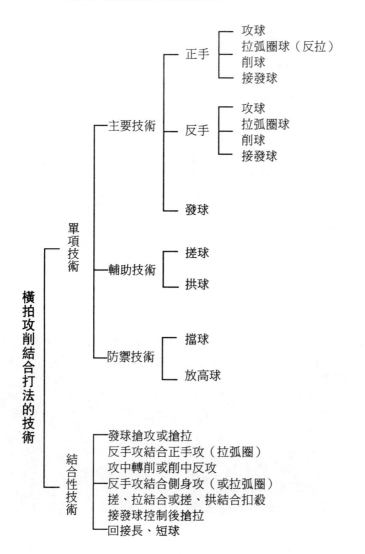

橫拍攻削結合打法的技術
- 單項技術
  - 主要技術
    - 正手
      - 攻球
      - 拉弧圈球（反拉）
      - 削球
      - 接發球
    - 反手
      - 攻球
      - 拉弧圈球
      - 削球
      - 接發球
    - 發球
  - 輔助技術
    - 搓球
    - 拱球
  - 防禦技術
    - 擋球
    - 放高球
- 結合性技術
  - 發球搶攻或搶拉
  - 反手攻結合正手攻（拉弧圈）
  - 攻中轉削或削中反攻
  - 反手攻結合側身攻（或拉弧圈）
  - 搓、拉結合或搓、拱結合扣殺
  - 接發球控制後搶拉
  - 回接長、短球

# 四、優秀運動員技術動作示例

## （一）快攻類選手

### 1. 劉國梁

劉國梁是中國男選手第一位大滿貫得主，右手直握拍，快攻型選手。他為中國傳統的快攻型打法注入了新的活力。

（1）正手發轉與不轉

劉國梁的發球變化多端，經常是上旋與下旋相結合。

圖①準備發球

③　④

⑤　⑥

圖②～⑤拋球，向後上方引拍。

⑦

⑧

圖⑥～⑧揮拍擊球

打
法
篇

69

⑨～⑩發球完成，準備接球。

## （2）高拋發球

高拋發球由於球被拋至 2～3 公尺高再落下，重力加速度使球發得又轉又急；又由於回落時間長，出手突然，有節奏變化，使對方易分散注意力，無法判斷球與球拍接觸瞬間的變化，接發球非常困難。劉國梁在這裡使用的是正手高拋發左側上旋球。

圖①～②將球用力拋起。

③

④

⑤

⑥

圖③～⑤略側身，執拍手從右後上方向前左下方揮擺，球拍摩擦球的左側面。

圖⑥發球完畢，準備回擊球。

（3）反手推擋

反手快推時，站位偏於球臺左側，身體正對球臺，重心較高。手臂靠近身體右側，自然放鬆，球拍稍高於臺面。當球從臺面彈起，手臂迅速向前伸展去迎球，同時手腕向右轉動，拇指略微放鬆，使拍面逐漸前傾（圖①～④）。

當球拍接觸球的中上部時，前臂從屈到伸向前用力

將球推出。球離拍後，迅速放鬆手臂，將球拍回收身前，準備下次擊球（圖⑤～⑧）。

## （4）加力推擋

此技術回球力量重，球速快，有落點變化。比賽中運用加力推擋，常可迫使對方離臺後退，陷入被動防守的局面。加力推與減力擋配合運用，能更有效地牽制對手，取得主動。加力推擋適用於對付速度較慢、旋轉較弱的上旋球或力量較輕的攻球及推擋。

圖①～②前臂上提，球拍略高於臺面，拍面垂直或略後仰。

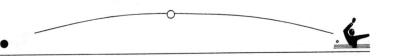

圖③～⑥手臂向前下方用力推球，在球的上升後期或高點期擊球。拍觸球的中部靠下位置。

（5）減力擋

　　減力擋球又稱為「吸球」，它的回球弧線低、落點短、力量輕。一般是在加力推或正手發力攻迫使對方離臺後使用。加力推和減力擋的配合運用，是對付中臺兩面拉弧圈球打法的有效戰術。

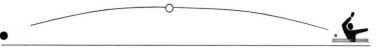

圖①～②稍屈前臂，球拍略為提高，拍面稍前傾向前移動迎球。

　　圖③～⑤重心略升高，球拍在上升期觸球，拍觸球瞬間，手臂稍向後收以減慢回球的速度和力量。

圖⑥準備下一次擊球。

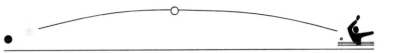

（6）正手快點

　　這是對付對方近網短球的重要技術，也是直、橫拍快攻打法中最主要的技術。快點技術好，就能將對方的近網、低、轉等各種來球一一化解，在相持中取得主動，進而取得搶先進攻的機會。

　　圖①～③上身、右腳、前臂同時到達球臺右前方，拉開上臂與身體的距離準備擊球。

圖④～⑥前臂伸入臺內與臺面略平行，手腕調節拍面角度製造弧線與發力，前臂協助用力將球擊出。

### （7）正手突擊

這種技術的特點是動作小、球速快，球的線路活，突然性強，是我國快攻型選手有別於其他國外選手的獨特的先進技術。它在對付下旋球和削球型選手的比賽中，常能克敵制勝。這種技術若與拉球有機結合，則更具威脅。

圖①～③來球已過網，判斷清楚來球轉與不轉的程度及距網高度，前臂稍向後拉與身體平行，轉動腰部協助用力。

圖④～⑤前臂加速揮動，在來球的高點期，擊球的中下部，手腕控制拍面製造弧線將球擊出。

圖⑥球擊出後，迅速還原，準備下一次擊球。

### （8）側身拉弧圈球

劉國梁的正手是使用正膠，正膠拉弧圈球與反膠有所不同，正膠弧圈球沒有反膠旋轉強，拉過來的球略帶下沉。

發力時,拍面微前傾(約與臺面成 80°),摩擦球體的中部或中上部,發力方向是向上為主略帶向前,最後的加速是以前臂和手腕發力為主。由於發力時的蹬腿轉體,重心已移至左腳,同時結束全部拉球動作。

　　圖①～④開始向右側身轉體,當球剛彈起時,持拍手已做好了充分的預擺,身體重心落在右腳上,非持拍手自然前擺維持平衡。

　　圖⑤～⑥手臂自然下垂，引拍幅度較小。觸球時間是在下降前期（球從最高點開始回落時），發力過程是以轉腰帶動肩部、上臂、前臂由下向前上方發力摩擦球，目光始終注視著擊球點。

　　圖⑦～⑧結束姿勢及下一個擊球動作的預備姿勢。

### （9）正手殺高球

　　正手殺高球技術的動作特點是動作大、力量重、準確性高。它是比賽中對付對手被迫放出高球時使用的一項進攻技術。

圖①～②準備擊球，站位稍離台。

　　圖③～⑤整個手臂隨著腰部向右後方轉動並儘量向後拉，以增
大球拍與來球的距離，便於充分發揮擊球力量。

圖⑥～⑧整個手臂先由後下方向前上方揮擺，身體重心也要逐漸上升，當球拍接觸球時，手臂再由前上方向前下方用力壓落，手腕控制拍面角度，球拍觸球中上部將球擊出。

圖⑨～⑩球擊出後，身體已向左方偏斜，重心也隨著下降，迅速恢復正常的站位，準備回擊下一次來球。

　　殺高球的機會在比賽中並不多見。因此，為了得分，要全力以赴。殺球力量不要光靠上臂發力，還要輔以腰腿的力量來協助發力。

## （二）快攻結合弧圈類選手

### 1. 王　濤

王濤的打法是左手橫板反膠快攻結合弧圈球。

#### （1）正手搓球

搓球是近臺還擊下旋球的一種基本技術。比賽中經常用其為拉弧圈球創造條件。它與攻球結合可形成搓攻戰術。搓球多用於接發球，必要時可作為過渡。

搓球與削球的區別主要是站位近、動作小、回球多在臺內進行。用它對付下旋的來球是一種比較穩妥的方法，也是初學削球必須掌握的入門技術。

下面是王濤的正手慢搓技術：

圖①準備姿勢。

圖②～④擊球時，球拍後仰，前臂和手腕向前下方用力，在下降期擊球的中下部。

圖⑤～⑥擊球後，前臂順勢前送。

### （2）正手快攻

正手快攻是對攻中最常用的技術，其特點是站位近、動作小、速度快，能借力打力，與落點變化搭配，能調動對手，為扣殺創造條件。橫拍擊球時，手臂要自然彎曲，手腕與前臂幾乎成直線並與地面平行，前臂和手腕稍向前上方用力。

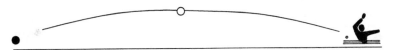

圖①擊球前，手臂向後下方引拍，球拍呈半橫狀。

圖②～⑤球下落時，利用腰腿轉動，帶動手臂、手腕、手指迅速由後下方向左前上方揮動。拍形稍前傾，觸球的中上部，重心移至左腳。

圖⑥擊球後，手臂放鬆並迅速還原。

### （3）反手快撥

快撥是橫拍進攻型運動員常用的一項相持球技術。有站位近，動作小，落點變化多，具有一定的速度和力量等特點。反手快撥主要是用來對付強烈的上旋來球、直拍推擋或者反手攻球。

圖①～②兩腳自然開立，站位在中近臺。擊球前，持拍手的上臂和肘關節靠近身體，前臂向右下方移動將球拍移至腹前偏右的位置，拍形稍前傾。

圖③～④擊球時，手臂由後向前揮動，前臂在上臂的帶動下，向前上方用力，同時配合向外轉腕動作，在球的上升期或高點期擊球的中上部。

圖⑤～⑥擊球後，手臂隨勢前送，肘關節離開身體，將球拍揮至頭部高度，身體重心移向左腳。


### 2. 鄧亞萍

鄧亞萍右手握拍，正手反膠、反手中長膠，是橫拍快攻結合弧圈型選手。她的打法凶狠，運用長膠面進行磕、拱、擋或者發力打，富於變化，很有特色。

（1）長膠撥球

圖①準備姿勢。
圖②引拍。引拍的位置要比反膠的高。

圖③～④擊球時，手臂由後向前揮動，前臂在上臂的帶動下，向前上方用力，而且用力的方向向上比向前多。手腕動作比反膠要小。

圖⑤～⑥擊球後，手臂隨勢前送。

## （2）反手磕球

反手磕球是一種防禦技術，類似於推擠球。反手磕過去的球呈側下旋，能為自己創造進攻機會。

圖①準備姿勢。圖②球拍向前迎球。

圖③～④手臂向左方用力，並配合轉腰輔助發力。擊球時，球拍觸球的左側中部。

圖⑤～⑥擊球後放鬆動作。

### （3）正手打回頭

這種技術是借來球前衝力進行還擊，回球速度快，動作小。它是回擊對手空檔時採用的一項技術。在防守時能以快制快，有的選手常用它來後發制人。

圖①上體右轉，左腳用力蹬地，右腳向右跨步，持拍手臂向右移動。

圖②前臂和手腕迅速向來球方向伸出，球拍呈半橫狀。

圖③～⑥隨著前臂以連貫動作向前上方揮拍，在球的上升期擊球的中上部，拍形稍前傾。

### 3. 馬琳

馬琳是右手直拍反膠快攻結合弧圈球打法，他所使用的直拍橫打很有特點。

#### （1）推擠球

推擠技術的回球帶側下旋，弧線低，角度大。在對付弧圈球或在對攻的爭奪中，使用推擠會改變球的旋

圖①球拍後引動作較小。

轉，變化角度和落點，能增大對方進攻的難度，從而為
自己進攻創造有利條件。

　　推擠雖然角度大、落點短，但速度較慢，必須與加
力推擋和變線配合，才能較好地發揮作用。

　　圖②～④在球上升前期擊球。手臂向左前下方用力推球，並配
合腰部後轉、轉髖輔助發力。擊球時，球拍觸球的左側中上部。
　　圖⑤～⑥擊球後迅速放鬆，準備下一次回擊。

## （2）放高球

放高球特點是站位遠、弧線長、曲度大、回球高。

它是防禦時所採用的一種手段。放高球可利用高度來爭
取時間，有時也能造成對方回球困難，直接得分。

　　圖①反手放高球時，右腳稍前，上體左轉，持拍手上臂和肘關
節靠近身體，前臂向左下方移動，拍形自然後仰，重心放在左腳。
　　圖②～⑥擊球時，手臂向右上方揮動，觸球前前臂和手腕向上
用力，在下降期後期擊球中下部，拍形稍後仰。擊球後，球拍隨勢
向前上送球。
　　圖⑦～⑧迅速還原，準備下一次擊球。


## （3）直拍橫拉

　　反手拉弧圈球以前是橫拍選手所獨有的技術，中國
運動員創造了用直拍背面拉弧圈球，馬琳就是其中之
一。下面是馬琳直拍橫拉加轉弧圈球。背面拉加轉弧圈
球大多是在來球的下降期去拉球，由於擊球點常會比球
網略低，故拉球時要適當增加弧線的高度，並縮短打出
的距離。拉加轉弧圈球主要是依靠上臂帶動前臂外旋向
上用力將球拉出。其特點是回球的弧線較高，速度較
慢，但上旋很強。

①

②

　　圖①～②正對球台，重心落在兩腳上，腿微屈、收腹、上體微微前傾，引拍至兩腿間偏左，前臂下沉，腕關節放鬆並向內屈腕，拍面微前傾。

③

④

⑤

⑥

打法篇

⑦                    ⑧

圖③～⑥發力上拉的過程中，快速迎前用直拍背面（圖⑤）觸球，向右上方發力。在球的下降期用球拍摩擦球的中部或中上部。在蹬腿的同時抬起上身，以輔助發力。

圖⑦～⑧拉球動作結束後的慣性動作和結束姿勢。

### （4）側身搶拉弧圈球

側身搶拉弧圈球是馬琳運用得較好的一項技術，得分率很高。此種弧圈球的弧線低、速度快、上旋力較

①                    ②

圖①～②站位比拉加轉弧圈球時略高，目的是便於向前發力，持拍手引至腰部右側後方，手腕固定，拍形前傾。

強、前衝力很大,球著臺後反彈不高,急劇前衝向下滑落。它是對付發球、推擋、搓球及中等力量攻球的有力武器,並起到扣殺的作用。

　　圖③～⑥持拍手引至腰部右側後方,比拉加轉弧圈略抬高些,比快攻要稍下沉一些。擊球時,上臂帶動前臂由右後方向左前方揮拍,手腕保持拍面的固定,並輔助發力摩擦球,上體隨勢轉動,輔助用力。

圖⑦～⑧動作結束，迅速還原。

## （三）弧圈結合快攻類選手

### 1. 孔令輝

　　孔令輝是繼劉國梁之後我國又一位大滿貫得主。他是右手橫拍弧圈球結合快攻選手，其打法穩中帶凶，連續進攻能力強，結合了中國傳統打法和歐洲打法。

### （1）正手弧圈球

　　弧圈球技術是一種上旋力非常強的進攻技術，如今已經被各國選手普遍採用。其主要特點有二：一是穩定性高，上旋力強；二是攻擊力強，威脅性大。

　　這一擊球動作是以旋轉制約力量。孔令輝採取了很開闊的站位，轉肩，然後使身體重心位於自己的右腳上，同時拍面朝下準備向前移動。他恰好採取了一個向前轉動能夠獲得力量、向上轉動能夠獲得旋轉的姿勢。

　　孔令輝具有一流的平衡和控制能力，他完成揮拍弧

線的動作是有控制的。一些選手的揮拍弧線過長，這意味著他們需要更長的時間還原到下一次擊球而可能失去平衡。孔令輝是世界上連續性最好的選手之一，其中一個主要原因就是他能夠較好地控制著自己的擊球過程，並在擊球結束時維持了良好的平衡。

1      2

3      4

5

## （2）反手弧圈

這一擊球仍然是以強烈的旋轉制約力量。孔令輝保持自身重心恰好平衡，屈膝、肩部放鬆，降低自己身體的重心以確保能夠迎前移動並以一個平衡良好的姿勢完成擊球動作。當他準備挺直身體前，腰部的彎曲和放鬆

1

2

使其在擊球中更好地爆發出速度和力量。類似於其反手攻球，此時他的腳也朝著對手所處的方位，並準備著向任何方向移動。

孔令輝反手拉弧圈的方式非常有效，揮拍過程並不

3

4

5

過分誇張，而是像其他所有的擊球動作一樣，以有意控制著的姿勢結束。

下面是孔令輝與法國選手蓋亭交手時的示例。

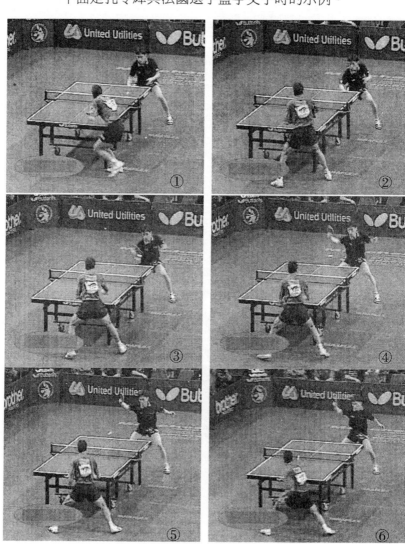

①

②

③

④

⑤

⑥

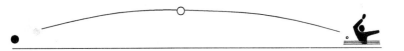

### (3) 反手扣殺

反手扣殺是一種以力量制勝的重要技術,它往往在正手或反手攻擊取得機會後運用。其特點是站位稍遠臺,動作幅度較大,球速較快,注重力量和命中率。

圖①～②站位離台稍遠,上右腳,重心前移,手臂向左後方引拍。

圖③～④手臂在身前加速運行並發力,在球的高點期擊球的中部,將球擊出。

（4）正手挑短球

此技術用於破解對方的擺短球，要求腳步非常靈活，迅速移動到位。

圖①判斷來球，利用移步或換步向右方移動。

圖②在移動過程中向右前方伸出，球拍稍前傾，前臂帶動手腕發力，食指輔助用力。

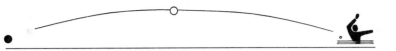

圖③～⑥擊球時，在來球的高點期擊球的中上部，向前上方用力。此時右腳還未落地。

圖⑦～⑧右腳落地，保持身體平衡。

## 2. 瓦爾德內爾

瑞典運動員瓦爾德內爾，被譽為乒壇的常青樹，技術水準十幾年保持在巔峰狀態。瓦爾德內爾的技術全面、戰術靈活、富於變化，是右手橫握球拍兩面拉弧圈球打法。他曾是第 40、41、42 和 45 屆世乒賽團體冠軍主力隊員，第 40、44 屆世乒賽男單冠軍，第 11 屆世界杯男單冠軍，第 25 屆奧運會男單冠軍，是一位大滿貫得主。

### （1）正手撇

這是對付對方近網短球的一種技術，撇的技術好，就能將對方的近網、低、轉等各種來球化解，在相持中取得主動，進而取得搶先進攻的機會。

圖①準備姿勢。
圖②手腕外展，向前迎球。

圖③～④向左前下方用力，擊球的左側中下部。

圖⑤球已擊出，順勢揮拍。
圖⑥擊球完畢，準備下一次擊球。

### （2）反手中遠臺攻球

　　反手中遠臺攻球的特點是力量較重，速度較快，線路較活。它是在反手快攻、反手突擊或發球搶攻後，對方被迫向自己的反手角回出高長球時使用的一項技術，

打法篇

107

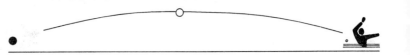

是爭取得分的主要手段之一。當對方突然回出反手位高
球而自己來不及側身正手攻球時,也常用這項技術。

　　圖①~②兩腳自然開立,站位在中遠台,擊球前,持拍手的上
臂和肘關節靠近身體,前臂向左下方移動,將球拍移至腹前偏左的
位置,拍形稍後仰。

　　圖③~④擊球時,手臂由後向前揮動,前臂在上臂的帶動下,
向前上方用力,同時配合向外轉腕動作,在球的下降期擊球的中
部。

圖⑤～⑥擊球後，手臂隨勢前送，肘關節離開身體。

### （3）反手快撕

反手快撕是弧圈球技術中常用的一項重要技術。它大多是在來球的高點期去拉球，如來球彈起較高時，有時也可在上升期進行回擊。快撕主要是依靠整個手臂的橫擺用力將球拉出。其特點是發力猛、球速快，落臺後前衝力強。

圖①～②持拍手結合轉身向左後方引拍，前臂自然放鬆，球拍稍前傾。

圖③～⑥當來球接近身前，上臂迅速做外旋轉動，使前臂在身前橫擺，在拍與球接觸的瞬間，前臂再向前用力，在高點期擊球，拍面從球的中上部向頂部摩擦。

圖⑦～⑧發力路線明顯向前，在隨勢抬起上身時重心也向前移，以加大向前的發力。

### 3. 王楠

王楠是繼鄧亞萍之後我國新一代的女選手,她的打法是左手橫拍弧圈球結合快攻。王楠技術全面,擊球落點好。

### (1)反手發斜線急球

反手發斜線急球的特點是出手突然,球速快,弧線低而長,前衝力大。以攻為主的打法宜採用這種發球,這樣能發揮速度上的優勢,迫使對手打對攻或是後退接球,從而取得比賽的主動。如與反手發下旋球結合起

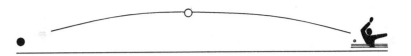

來，可以迷惑對手，誘使其失誤。

圖①站位在右半台四分之一或三分之一處，身體距臺約 15 公分，兩腳開立，右腳稍前，左腳稍後，上體微俯，收腹，略向左方偏斜。持球手置於腹前靠近球臺端線，持拍手置於持球手右下方。

圖②～④發球時，將球向上輕輕拋起，持拍手向左後上方引拍，使球拍置於左腋下。

圖④是王楠的一個假動作，球拍後仰是為了迷惑對手，讓對方以為她要發下旋球。

圖⑤～⑧當球從高點下降到低於球網，持拍手以肘關節為中心，前臂向右前方橫擺發力擊球，觸球時拍面稍前傾，擊球的中上部，擊球點與網同高或略低於網，第一落點靠近本台端線。

（2）反手快撥

打法篇

113

上圖是王楠的反手快撥技術，她的拍形比較下壓，使得擊出的球有一定強度的上旋。在最高點擊球，而且出手快，這使得選手能夠獲得合適的擊球角度並佔據主動。

王楠通過小幅度的斜向移動來調整自己的位置，以確保能夠在自己身體的中間觸球。必須充分發揮肘部和腕部的作用，肘部的合理使用確保了必要的控制，而腕部的合理運用則加快了球速。

（3）正手加轉弧圈

上圖是王楠的加轉弧圈球技術，她正在回擊一個下旋球。球比較緩慢地運行，這使得她有時間移動到反手位提拉弧圈球。必須充分發揮身體的作用，王楠轉腰，轉肩，膝部彎曲，同時重心移向左腳，然後向右腳轉移。這必須要求膝部的良好運用和上身的充分轉動，加之前臂的快速揮動，使其擊球能夠產生力量和旋轉。注意觸球時拍面朝下，並迅速還原成平衡良好的姿勢，為下一次擊球作準備。

打法篇

115

## （四）削攻類選手

### 丁　松

丁松是我國乒乓球防守型削球打法的優秀代表，其特點有三：一是發球技術好。他的發球以長為主配合短球，能發左方、右方，當對方不能立即判定是轉球或不轉球，他就能直接搶「衝」；二是進攻；三是在削球變化上，無論正手還是反手都有轉與不轉的變化，為搶攻創造了條件。

### （1）正手遠削

　　圖①左腳向右後方移動半步，向右側身讓位，持拍手向右後方引拍，球拍由平躺變為側豎，重心在右腳上。

　　圖②準備削球，右腳向後拉半步，身體開始半蹲前屈，目視球的降落。

　　圖③～④當球落至右腳踝關節稍上處，揮拍觸球。「兜底削球」，拍面由側豎至逐漸躺平。

　　圖⑤球出手後，球拍和身體隨慣性前移。

　　圖⑥～⑦向左轉體，重心移至左腳，左腳向前上半步。

　　圖⑧還原成原來的準備姿勢。

## （2）反手遠削

圖①左腳向斜後方移步，同時向左轉體，非執拍手向後伸展。

圖②拍引到身體左側前方，上臂與前臂約成 90°，拍面稍向右側傾斜。

圖③向右轉體，揮臂削球。球拍由身體的左側後上方向右側前下方回轉。

圖④在左膝前大致與膝同高處削球，觸球的中下部。

圖⑤～⑥削球後，拍面由稍內傾至逐漸躺平。

圖⑦執拍手繼續向右側上方做兜底和上抬動作。

圖⑧上體抬起，重心升高，呈還原姿勢。


### （3）正手反攻

此戰例中，丁松對卡爾松的一記輕拉球進行反攻，在比賽中反攻的比例較大是丁松的特色，也是今後削球打法的出路。

圖①判斷來球，考慮用削球還是反攻。

圖②向後方擺臂引拍，重心移到右腳上。

圖③～④在來球的下降前期擊球的中上部，重心從右腳過渡到

左腳。

圖⑤～⑥球擊出後手臂順勢揮拍，並迅速還原成預備姿勢。

# 五、各種類型打法的訓練方法

## （一）怎樣選擇技術類型打法

選擇乒乓球的打法一般是從以下幾個方面來考慮的。

### 1. 身體條件

一般來講，身材的高矮、力量的大小、體力的狀況等等，都可能影響到打法的選擇。比如，身材較高、四肢較長、力量較大、爆發力好的人可選弧圈球型打法；身材中等、體力好、四肢較靈活、移動速度快的人，可選擇快攻型打法；身材較高而大、四肢較長、耐力好的人，可選擇削攻型的打法。

### 2. 技術掌握情況

基本技術掌握較全面，正、反手攻球技術好，在比賽中使用率和得分率最高，且正、反手擊球速度快（擺速快），步法靈活，移動快，善於近臺擊球的人可選快攻型打法。弧圈技術掌握很好，在比賽中使用率和得分率最高，製造旋轉能力及打相持球能力強，善於中近臺擊球者，可選擇弧圈球類打法。

基本技術掌握較全面，削球技術很好，在比賽中使用率和得分率最高，有進攻能力，控制球能力強，且有耐力，步子移動快者，可選擇削攻型打法。

### 3. 性格和氣質特點

性格屬外向型，且氣質類型又為膽汁質者較適合於選擇快攻型和弧圈型打法。性格內向，氣質類型又為黏液質者，宜選擇削攻型打法。性格屬中間型，氣質類型為多血質和黏液質混合型者，是最為理想的快攻型和弧圈型打法的人選。

總之，打法類型的選擇應以使自己各方面的優點都能充分地顯示為依據，切不可不顧自身特點而機械地模仿別人。

運動員的基本打法，應該既從國內外技術發展的趨勢考慮，又從運動員本身的特點出發，「量體裁衣」形成富有自己特點的打法。

## （二）乒乓球技術、打法、類型及戰術間的關係

要弄清楚技術、打法、類型及戰術間的關係，先要清楚它們的概念。

概括地講，在乒乓球這一比勝負的對抗性運動中，為了得分或者不失誤而運用的一切專門的合法擊球動作，就是乒乓球的技術。

對於眾多的乒乓球技術，運動員沒有必要全部掌握，可用幾種具有制勝威力的主要技術為主體與其他技術配套、組合，形成不同的打法。

不同的打法具有相同或相似的戰術及風格，將其融

合而形成一定的類型。

　　運動員在比賽中，根據自己和對手的具體情況，正確而有目的有意識地運用所掌握的各種技術，充分發揮自己的特點，限制對方的長處，緊緊抓住對方的弱點，為戰勝對手而採取合理有效的方法，就形成了戰術。

　　這就是技術、打法、類型、戰術的概念，我們可以從概念中大致了解到他們之間的關係。

　　技術、打法、類型之間是一個遞進的層次關係，技術種類最多，分類也最細；類型種類最少，但概括的內容最多。

　　在平時我們談到某運動員的技術時，往往是說他採用某某打法，而不會具體地說它採用什麼技術，因為我們知道了他的打法，也就大致知道了它採用什麼技術。打法間於技術和類型之間，他能較為準確地反映運動員的特點，因此，日常中使用打法的概念最多。

　　技術和戰術的關係歷來是明確的。我國運動員的實踐經驗是：技術是戰術的基礎，戰術是由各項技術組成的。技術的好壞決定戰術的質量，影響著一個運動員的成長速度和比賽成績。因此，必須十分重視技術的質量，要下功夫打好技術基礎，使主要技術達到準確熟練的要求。但技術再好，也不能只打一板球，因而技術必須與戰術相結合，戰術上提出的要求，反過來可以促進技術的發展。所以，技術訓練必須根據比賽實際的需要，在一定的戰術要求下進行，使技術訓練能符合戰術

打法篇

的要求，做到練以致用。同時還要看到，技術雖是戰術的基礎，但技術訓練終究不能代替戰術訓練，還必須有專門的戰術訓練。以便將技術更好地組織起來，使之更有效地發揮作用。而在戰術訓練中，又可不斷地鞏固和提高技術水準。

技術與戰術，既有明顯的區別又緊密地聯在一起，兩者相互制約、相互依存、又相互促進。一般說來，技術的發展必然帶來新的戰術，而後戰術又促進技術的提高和發展。

## （三）基本功的訓練

基本功訓練，在整個乒乓球訓練體系中佔有極為重要的地位。長期以來，我國的乒乓球訓練一直比較注重抓基本功的訓練，在這方面取得了很多有益的經驗，培養出了一批基本功紮實的具有世界先進技術水準的優秀運動員，為我國攀登世界乒乓球技術高峰，並能在較長時期保持優勢，奠定了良好的基礎。教練員、運動員以及乒乓球愛好者都應重視並切實抓好基本功訓練，不然就會捨本逐末。

### 1. 基本功的概念和內容

乒乓球運動員的基本功，就是指乒乓球運動員為了達到某一水準所必須具備的相應基本技能和基本體能。它不僅包含基本技術而且還包含著技術的質量、能力及身體機能水準。

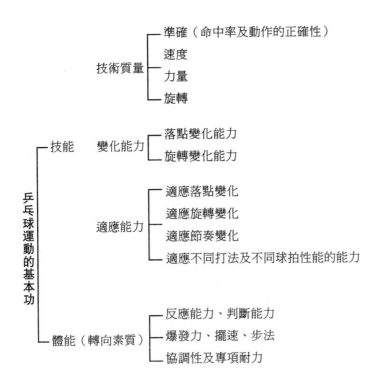

乒乓球運動的基本功
- 技能
  - 技術質量
    - 準確（命中率及動作的正確性）
    - 速度
    - 力量
    - 旋轉
  - 變化能力
    - 落點變化能力
    - 旋轉變化能力
  - 適應能力
    - 適應落點變化
    - 適應旋轉變化
    - 適應節奏變化
    - 適應不同打法及不同球拍性能的能力
- 體能（轉向素質）
  - 反應能力、判斷能力
  - 爆發力、擺速、步法
  - 協調性及專項耐力

　　基本技能主要是指技術質量、變化能力和適應能力。在技術質量中，又包括擊球的準確性、速度、力量及旋轉；在變化能力中，包括落點變化能力和旋轉變化能力；在適應能力中，包括對落點變化、旋轉變化、節奏變化，以及不同類型打法、不同球拍性能的適應能力。

　　基本體能是指專項身體素質。主要包括反應及判斷能力、爆發力、擺速、步法、協調性以及專項耐力等。

　　練習者只有在正確理解基本功的概念及內容的基礎

上，採取相應的訓練措施，才能培養出紮實的基本功。

## 2. 基本功訓練的安排方法

在安排基本功訓練時，首先必須要有全面的觀點，決不能片面地只重視基本技能的提升而忽視基本體能的發展，或只抓技術質量而忽視對變化能力和適應能力的訓練。應該注意全面安排，相互促進，以有利於切實打好基礎。另外，在全面安排的基礎上，還應根據不同的訓練時期和隊員的不同訓練水準有所側重。

在訓練初期或訓練水準較低時，首先應注重體能訓練，打好素質基礎，為以後的技能提升創造有利的條件。隨著訓練水準的不斷提高，在安排基本功訓練時，則可逐步側重於技能訓練。在技能方面的技術質量、變化能力和適應能力的訓練上，應以提高技術質量為主，逐步側重於變化和適應能力的訓練。總之，要根據世界乒乓球技術的發展和運動員的不同類型打法，在不同時期有所側重，作出不同的具體安排。

## （四）快攻類打法的訓練

### 1. 訓練指導思想

直拍快攻型打法是中國的傳統打法，從 60 年代起此打法已進入了世界先進行列。積極主動、以快為主、搶先上手、先發制人是直拍快攻型打法的指導思想；快速進攻、搶先上手是直拍快攻型打法的靈魂。70 年代隨著世界乒乓球技術的不斷發展，直拍快攻型打法的技

術風格又增加了旋轉這個因素，因此，「快、準、狠、變、轉」是直拍快攻型打法的技術風格，快是主導，準是基礎。這個風格反映了乒乓球運動距離近、球臺小、球速快、變化多的特點和規律。

### 2. 訓練中要解決的環節

#### （1）加強主動意識訓練

現代乒乓球技術的第一個特點就是「更加積極主動」。直拍快攻打法要做到快速、凶狠，首先要有積極主動的意識，力爭在比賽中的每一板都應具有主動性和威脅性，應利用一切可以利用的機會，搶先上手、快速進攻，充分發揮直拍快攻打法的威力，因此，加強主動意識的培養是直拍快攻打法訓練中至關重要的環節。

#### （2）保持和提升發球搶攻的優勢

發球搶攻是中國運動員的看家寶，是中國的直拍快攻打法的特長技術之一。60、70 年代中國直拍正膠快攻打法之所以在世界乒壇上能處於領先地位，其重要原因是在發球和發球搶攻方面表現了較大的優勢。但進入 80 年代後，發球搶攻的優勢有所減弱，其原因除了歐洲選手的接發球技術有所提升外，主要有以下原因：

①發球單調，清一色的正手側身高拋，旋轉性能大同小異，落點以短為主。

②不擅於搶攻對方回接的上旋球，從而影響發球搶攻的威力。

因此，要保持和提升直拍快攻打法發球搶攻的優

打法篇

勢，首先要提升發球的質量，直拍選手發球時應將速度、旋轉和落點有機地結合起來，還可以球拍的正反面發球，給對方一種新異刺激，以增加對方接球的難度。在發球搶攻上要既能搶攻下旋，又能搶攻上旋（包括弧圈球），在搶攻的線路上要講究落點變化或打大角度，同時在發球搶攻後還應具有連續進攻的意識與能力。

（3）恢復和提升低球突擊的能力

低球突擊起板搶攻是直拍快攻打法的又一特色，具有速度快、突然性強的特點，曾對歐洲選手構成較大威脅，但近幾年此項進攻技術已近失傳，「以拉代打」的傾向嚴重，是直拍快攻打法攻擊力下降的重要原因。因此，恢復和提升對付下旋球的低球突擊能力，樹立只搓一板就要進攻的思想，是現代直拍快攻打法訓練中的一項不容忽視的重要問題。

對付下旋，訓練的重點是加強低球突擊，克服只拉不打的傾向，應堅持「低拉高打、轉拉不轉打」「位置不合適拉、合適打的原則」。同時在加強低球突擊訓練的過程中，應充分認識當今掌握此項技術的難度：

一是來球下旋比過去強烈，角度大；

二是搓一板就得突擊，否則易被對方搶先上手而失去進攻的機會。

儘管目前掌握此項技術難度大，但只要肯下苦功夫，也是可以成功的。如果來球下旋特別強烈，應及時調整拍形（拍形稍後仰些），這樣可以提升進攻的命中

率。

（4）突出提升正手連續進攻的殺傷力

正手攻球技術是進攻類打法運動員在比賽中爭取主動、克敵制勝的重要手段，突出正手進攻，是當今世界乒壇的發展趨勢，歐洲選手在掌握反手進攻技術的情況下，為了更加積極主動，從發球、接發球開始，就儘量側身站位，目的就是為發揮正手進攻的威力。

而直拍快攻打法要發揮正手攻球技術的威力，要注意做到以下幾點：

① 首先在擊球動作上做到：

● 擊球時注意利用身體重心。即在向前揮拍擊球時有意識地利用身體重心的移動來提升擊球的力量和動作的穩定性，這裡就要求受訓者在整個擊球動作的過程中，要善於運用腰、髖、膝關節和前腳掌等部位的協調配合，其中髖關節（向前轉髖的動作）作用尤為重要。

● 根據來球的旋轉性能，調節拍形擊球。在我國乒乓球界有一段時間裡，曾流行用固定拍形、調節用力方向和用力大小的方法，來打不同旋轉性能的來球，認為這樣是對付旋轉的好方法。但隨著歐洲弧圈球質量的提升以及採用強下旋逼底線大角的戰術，現代乒乓球的旋轉變化差距加大，如果直拍快攻選手還繼續採用固定拍形打不同旋轉性能來球的方法，必然會使正手主動進攻的威力受到影響。因為過分前傾固定拍形，就無法打強下旋底線球，也無法拉出高質量的弧圈球，所以在現代

乒乓球訓練中，直拍快攻選手應學會調節拍形打不同旋轉性能來球的能力，如對付強下旋底線球可將拍形稍後仰些擊球，對付弧圈球可將拍形前傾些擊球，這樣就可以提升正手攻球的命中率。

● 根據不同來球，採用不同的回擊方法，這樣才有利於提升擊球的命中率。如：回擊對方拉過來的強上旋弧圈球，應高手引拍，向前迎球的同時向前並稍向前下方用力；對方來球低而轉，應低手引拍的同時多向上用力；對方來球慢而高，應適當加大引拍幅度，並向前下方加力扣殺。

②重視步法訓練

步法是實現積極主動意識、發揮正手進攻威力的最有效的手段。步法快捷，能及時到位，能搶好擊球點，有助於擊球準確，有利於發力擊球，能保持正確擊球姿勢。步法不到位，動作就會變形。在現代乒乓球訓練中應改變過去重視手法而忽視步法的傾向，尤其應改變正膠進攻打法運動員還原差的通病，要在每一次練習內容中把步法要求考慮進去，樹立追球打的意識。打完一板球，應迅速還原或調整重心，緊緊地盯住回球，從對方的擊球動作和球的運行路線，判斷出來球的方向和落點，及早起動，迅速做好打下板球的準備，要抓好運動員的準備姿勢、起動、移動和還原等步法的基本訓練。

③強化連續進攻的意識與能力

當前世界上的優秀乒乓球選手大多有較好的相持和

防禦能力，一板球就置對方於死地是不易做到的，直拍快攻選手一定要有連續進攻的意識與能力，打完一板後，必須迅速準備打第二板、第三板，進攻時要講究落點，打大角度，打中路追身或直線，做到靈活善變，這樣可使對方防不勝防、措手不及。同時還應做到快慢打結合，以節奏、力量、速度變化進行牽制、調整，以利再戰。反膠運動員正手可以拉弧圈球為主，亦可拉打結合，在實踐中應視運動員的具體情況而定，不必過分拘泥於固定格式。

（5）提升對付弧圈球的能力

當今弧圈球已是一項風靡世界的先進技術，運用範圍廣泛，並且正、反手都能拉出旋轉強的弧圈球，它不僅是弧圈球打法的主要得分手段，也是其他打法的一項不可缺少的助攻手段。直拍快攻欲在比賽中先發制人，力爭主動，在世界乒壇保持領先地位，必須提升對付弧圈球的能力。

現代的弧圈球較之過去有極大的發展，高弧線式的弧圈球已很少見到，速度與旋轉的融合，增加了弧圈球的威力，增加了對手回接的困難，因此，在回接弧圈球時，要在黏住對方的基礎上，提升攻打弧圈球的意識和能力。從弧圈球的旋轉角度分析，可分為加轉弧圈球和不轉弧圈球，而重點應放在對付不轉弧圈球上，從不轉弧圈球和一般性弧圈球上尋找進攻的突破口。

近臺快速反拉弧圈球是直拍反膠打法對付弧圈球必

打法篇

須具備的能力。直拍反膠選手要加強反拉反衝的意識和能力，掌握好反拉反衝的時機。

①近臺反拉反衝對方從下旋球拉起來的第一板弧圈球。

②相持中推壓後側身反拉反衝。

③正手位快速反帶。

④反手中遠臺側身反拉或兜後正手反拉。在攻打或反衝弧圈時，弧線要低、落點要好，打直線或追身效果最好。

### （6）加強反手位的進攻與防禦能力

當今乒乓球技術發展迅速，球的旋轉強度大，技術動作的幅度和力度增強，以及歐洲橫拍優秀選手反手進攻能力大幅度的提高，使我國直拍快攻打法反手位技術的漏洞明顯地暴露出來，形成歐洲兩面打我一面的局面，歐洲選手對我常用的戰術，就是緊緊抓住我反手不擅進攻的弱點，把反手逼成死角。因此，直拍快攻打法要想走出困境，重振雄風，必須解決好反手位的技術問題。直拍快攻打法的反手要掌握推擋和反手攻兩種技術，兩者間可有所側重。

●加強反手推擋的實力和變化

反手推擋技術是具有中國特色的技術，具有快速、有力、多變的特點，推擋技術應在繼承的基礎上有所發展，但目前直拍快攻打法反手推擋最大的問題是：黏不住對方，往往打不上幾個回合就失誤，並且缺乏變化，

現今毫無變化單一節奏的推擋是很難抵禦歐洲弧圈球的進攻的，所以，直拍快攻打法的反手推擋首要問題是提高反手推擋的實力，要有打七八個回合的能力。回擊過去的球要求弧線低，能輕能重，會應用加減力推擋或推擠對付弧圈球，加減力推擋重點練好加力推，在有真正加力推的基礎上，減力擋的效果才能體現出來。

在加強擊球落點變化的同時，以調動對方前後左右移動，漏出破綻後迅速側身打搶攻、反衝或者在推擋的基礎上加上一板反手攻或背面攻（快帶、反衝）為側身製造機會，爭取主動。

- 必須掌握反手攻球

當前我國直拍選手在與歐洲弧圈型選手對陣時，吃虧總是在反手，對方有拉、衝、打，而我方只有單一的推擋，難以側身搶攻，要想改變這種「獨角龍」的被動局面，必須掌握反手攻球技術。當對手用強烈下旋逼我反手底線大角時，當對手側身半推半搓地接發球至反手位時，當對手運用調右壓左戰術在我正手攻後又跑回反手位時，都可用反手攻球；發球後可用反手搶攻；接左方下旋短球，可用反手攻或半攻半推技術。總之，在訓練中要加強反手攻球的針對性訓練，做到學以致用，在擊球的動作結構上，應注意做到高手引拍，擊球點稍靠前，上升後期擊球，善於運用重心打球。

- 學會反手背面擊球技術

當今弧圈球技術的發展以及反手位近網球，反手位

底線大角度的搓球等，均給直拍反手進攻帶來了新的難題，直拍背面進攻技術的創新，無疑為彌補直拍快攻打法反手位漏洞、豐富和發展直拍進攻型打法創造了有利條件。它是在以快為主的前提下，在快轉結合上走出了一條新路。背面擊球技術可分為拉、衝、撥、擋、彈、扣，在運用背面擊球技術的方法上可分為兩種類型：一種是反手一律用背面擊球；但更多的是對某些來球時才用，其他來球仍用常規技術。如：當對方採用強下旋逼反手底線大角度時，側身難度太大，可用反手背面快拉；當對方拉弧圈盯住反手位時，可在推擠的基礎上加一板反手背面的快帶和反衝，之後迅速側身搶攻；在撲正手返左時，用一板反手背面的快拉、快衝或彈打；在對方採用側身接發球，半推半搓一板至反手時，可用反手反面搶攻；在反手大角突然出現半高球時，可用反手背面扣殺，還可配合運用球拍背面發球技術。總之，直拍反手背面擊球技術的合理運用，對加強直拍快攻型打法反手位進攻能力起著重要作用。但必須明確的是：直拍快攻打法在左半臺仍應以側身攻球為主，在此基礎上，注意其他技術與反手背面擊球技術的有機組合。

### 3. 直拍左推右攻的訓練

（1）對付上旋球的訓練

● 正手快攻

【內容】

①正手單線對攻（包括正手，側身斜線，直線）。

②正手前、後移動對攻；全臺右、中、左，左、中、右移動中正手對攻。

③3／4臺不同落點移動中正手攻打從對方左角或右角拉過來的弧圈球。

④正手、側身快攻不同落點。

【目的】

提升對攻能力，尤其是提升移動中攻打弧圈球的能力。

【要求】

①供球以弧圈球為主，配合快攻和推擋。

②中、近臺結合，以近臺為主；輕、重力量結合，以逐步加力為主。

③加快前臂擺速和增大連續攻球的爆發力。

• 反手推擋

【內容】

①單線對推。

②推斜、直線及中路。

③推擠左大角及變線。

【目的】

①提升加力推、減力擋和推擠弧圈球的多種技術，以便充分發揮直拍快攻打法快速、靈活、多變的特點。

②加強適應弧圈球不同旋轉和快、慢節奏變化，為戰術運用打下基礎。

【要求】

①供球 2／3 是弧圈球，1／3 是推擋或攻球。

②不論對快攻或弧圈球都能推出斜、直線和中路三個落點的變化。

③要能推出反手大角度和輕、重力量不同的球。

• 推擋結合側身攻

【目的】

①熟練掌握推擋與側身攻兩項技術的銜接。

②增強左半臺的進攻能力。

③作為單個戰術訓練，提高戰術意識，增強左半臺主動進攻的能力。

【要求】

①來球 1／2 是弧圈球，1／2 是推擋或側身正手快攻。

②兩項技術動作要求協調配合，緊密銜接，動作迅速。

③推擋——側身攻、再推擋——再側身攻，必須反覆練習。

④側身攻作為技術訓練以中等力量為主，適當結合大力扣殺。

⑤作為單個戰術訓練，相持中應多注意推擋的輕重力量的變換及壓反手大角或中路追身等的落點變化，當取得側身攻的機會時，應將位置讓夠，攻擊力量要大，以大力扣殺爭取得分。

• 左推結合右攻和配合側身攻

【目的】

①加快手臂左右的擺速和步法左右迅速移動的協調性。

②加強全臺對付不同速度、不同旋轉、不同節奏來球的應變及進攻能力。

③作為單個技術訓練，應達到破壞對方調右壓左和調左攻右的戰術意圖。

【要求】

①對方用推擋或反手快攻，或側身拉弧圈球至不同落點。

②對方在右方拉弧圈球至不同落點。

③右攻時要果斷、大膽，手腳同時到位擊球，以中等力量或發力攻為主，結合快帶。

④作為單個戰術訓練，應側重練好攻擊對方的薄弱環節，並在出現機會時進行側身進攻。

● 推擋——側身攻——撲正手

【目的】

①熟練掌握推、側、撲三者的緊密銜接，用以增強主動進攻的能力。

②作為單個戰術訓練，提升從被動中爭取主動的能力，保護好自己的正手，消除側身攻的後顧之憂。

【要求】

①推、側、撲練習的難度大，移動範圍廣，要不怕辛苦，堅持練習。

②開始打基礎時，可以進行有規律的推、側、撲練習，具有一定水準後，則必須以無規律的訓練為主，以避免側身攻後習慣地撲正手的弊病。

● 長短球的訓練（包括同線和異線長短球）

【目的】

①協調步法前後移動的能力。

②加強對付不同落點來球的應變能力。

【要求】

①步法移動迅速到位，注意重心的掌握。

②回球可同一落點，也可不同落點。

③練習異線長短球時，正手的挑球注意手腕的運用。

（2）對付下旋球的訓練

● 正手快點、擺短及搓中突擊

【內容】

①正手位快點、擺短到對方不同落點。

②側身正手快點到對方不同落點。

③正手快拉或側身快拉對方不同落點。

④全臺移動中用正手拉上旋球至對方一點或不同落點。

⑤左2／3或右2／3臺用正手拉至對方一點或不同落點（以上來球是轉與不轉的削球和兩面不同性能球拍的削球）。

⑥搓中突擊對方不同落點（1／2臺至全臺走動中

突擊轉與不轉的搓球）。

【目的】

①熟練與提升拉球技術。

②大力加強攻打下旋短球的基本功訓練。

③加強搓中突擊的進攻能力。

【要求】

①出手快，回擊弧線低。

②本身落點變化多，並有一定旋轉。

③特別要重視中等力量的突擊。

● 拉中突擊結合連續扣殺

【目的】

①拉上旋與突擊扣殺緊密結合，提升攻削球的能力。

②作為單個戰術訓練，要求正確選擇突擊時機為扣殺創造條件。

【要求】

①拉球是基礎，要拉得穩且低，能拉左、中、右和長、短的落點。

②突擊是在拉球的基礎上進行的，如果拉球不過關，往往造成突擊的盲目性，但只會拉而突擊技術很差，也會影響得分和大大減弱進攻威力。故應根據不同訓練階段和個人的技術特點，在一定時期有所側重地進行訓練。

③訓練時，在拉球突擊、連續扣殺的數量和質量方

面，均應有一定的指標，尤其要注意掌握好拉中突擊的時機。

● 搓中突擊

【目的】

比賽中無論對付何種打法，大多是從臺內下旋球開始而轉入其他的技、戰術較量的，因而要在比賽中取得主動，首先必須從突破下旋短球做起。但在比賽中由於相互用擺短來控制對方，又經常會形成對搓的局面，所以掌握快點和搓中突擊的技術就成為十分重要的一環。

【要求】

①由於快攻選手在 70 年代之後，主要是對付弧圈球，故攻球拍面角度已大多改為稍前傾或垂直，這樣在對付下旋球（特別是臺內短球）上就增大了難度。因此，必須注意反覆多練，以提高迅速調節拍面角度和發力方向的能力。

②要著重體會高手起板和低手起板手腕和指關節發力的細緻調節作用。

### 4.直拍兩面攻的訓練

為了適應新的形勢，直拍兩面攻的訓練，應著重考慮以下幾個問題：

（1）應從過去正、反手由下向上、向前揮拍擊球的技術動作，改為前臂抬高由上向下、向前揮拍擊球的技術動作（包括將拍面由後仰改成稍前傾的基本拍面角度）。

（2）反手不僅要練好快攻、快點、突擊等技術，還要掌握快帶和推擋技術。

（3）對反手發球搶攻、接發球搶攻和突擊下旋球（包括搓中突擊）的特長技術要加以繼承和發展。

（4）必須掌握好反手攻結合正手攻對方一點和兩點對兩點的技術。

（5）針對本打法反手和中路對付弧圈球比較困難的弱點，在訓練中，應加強以下兩個練習方法：其一，陪練者拉弧圈球專門緊盯主練者的反手或中路；主練者提升反手攻球和側身攻球的能力。其二，陪練者以快攻和弧圈球無規律地供球至主練者全臺不同的落點，主練者在練正、反手攻球中，當對手將球突然打到中路時，即迅速側身讓位，用正手或反手進攻。

（6）直拍兩面攻打法的其他練習方法，均可參照直拍左推右攻打法的訓練。其中推擋可改為以反手攻為主配合推擋，並增加一項反手攻下旋球練習（包括反手快點、擺短和搓中突擊）。

## （五）快攻結合弧圈類打法的訓練

培養快攻結合弧圈球打法的選手，必須先從快攻方面狠下功夫，基本上成為較出色的快攻手時，再結合拉弧圈球。這樣，運動員既具備過硬的快攻技術，又有一定質量的弧圈球，才能實現以快為主、以轉為輔的打法。

在訓練中，思想上必須明確，拉弧圈是為快攻開路的，若掌握不好，將可能出現越拉越多，而且過分追求拉得轉的現象，致使快攻成分越來越少，從而逐漸變成弧圈類打法了。

在技術訓練中，解決好拉、扣結合是存在的主要問題，應重點抓好。同時，對攻打和推擋弧圈球的主要技術，也應加強訓練。

### 1. 主要技術的訓練

（1）練習一

【內容】

①單線攻球。

②左 2／3 臺和右 2／3 臺跑動中連續進攻對方一點。

③兩點打一點。

④兩點對兩點。

上述練習，要求對方用推擋或攻球陪練。

【目的】

①熟練和提升快攻技術。

②加快步法移動及兩面擺速。

【要求】

①以攻為主，以快為主。

②中、近臺結合，以近臺為主。

③以發力為主，儘量少練借力球。

（2）練習二

【內容】

①正手（包括側身正手）攻、拉對方一點。

②正手全臺不同落點拉、扣（衝）對方一點。

③反手攻、拉對方兩點。

【目的】

①牢固掌握攻、拉、扣結合的技術。

②適應對方速度和旋轉的變化。

③提升迅速起動與大範圍移動的能力。

【要求】

①陪練者以推擋（快撥）和弧圈球回擊為主，有時也可同削球手對練。

②攻、拉或拉、扣結合出手要快，兩種不同技術動作應明確區分開來。

③拉球動作不應過大，要儘量拉出弧線低的球，配合不同節奏。不追求拉得特別轉，注意穩健和扣殺。作為單個戰術練習時，應注意破壞對方正常的擊球規律，時攻時拉，時快時慢。

## 2. 結合技術的訓練

### （1）正手快帶、反手推擠或快撥結合正手反拉弧圈球

陪練者拉弧圈球至全臺，落點以無規律為主，主練者以練正手快帶、反手推擠或快撥為主，適當配合正手反拉回頭。

【目的】

掌握和提升相持或被動時必備的防禦能力，以期在被動中爭取轉化為主動。

【要求】

①堅持近臺為主，以靈活變化斜、直線球路來爭取主動。

②為了適當練習反拉弧圈球的技術，有時可有意識地退至中遠臺用正手反拉，不要求數量多，而要求拉球的質量要高，以便迅速擺脫被動。在中遠臺反拉弧圈球後，要迅速向前移步回至中近臺練快帶和推擋或快撥等技術。

（2）拉球結合扣殺

拉弧圈球和扣殺，兩者的動作差別較大，訓練時必須反覆體會兩者之間不同的動作要領，使之熟練銜接。

拉、扣要緊密結合進行練習，即使技術達到先進水準時，也不能忽視這一結合技術的訓練，而單純去提升拉球的質量。訓練新手時，更要注意千萬不可在已形成拉弧圈的定型後，才開始練扣殺，否則是很難掌握好拉、扣結合技術的。

3.多球訓練

（1）正手全臺不同落點拉、扣一定目標

陪練者（或用發球機）從對面離臺1～2公尺處削下旋球或放上旋高球，也可無規律地供給下、上旋球至全臺不同落點，主練者見下旋球就拉，見上旋高球就扣，並按規定扣到臺面上的某一目標。練到規定的次數

後可休息1分鐘再練，也可以規定連續進行5～10分鐘拉、扣後，休息2分鐘，再繼續練習。

【目的】

由反覆練習，形成低拉高扣的條件反射，明確區分拉、扣不同的技術動作，牢固掌握拉、扣技術。

【要求】

①迅速調節拉、扣動作，扣殺的命中率應根據運動員的水準而定。

②每次連續練習此項內容的時間，以不超過半小時為宜。

（2）搓、拉結合突擊

陪練者先將下旋球供到對方，主練者搓一板後立即將球拉起，陪練者轉用推擋回接，主練者緊接著進行突擊或用快攻的方法回擊，反覆進行。

【目的】

集中時間反覆熟練搓、拉、攻相結合的技術。

【要求】

①先固定落點，體會和熟練動作。

②不固定落點供球，使其在移動中擊球。

③拉球以中等力量為主，但突擊要有一定的爆發力。

（3）拉、扣下旋球

【內容】

①離臺用削球供球至主練者的左2／3臺或右2／3

臺。

②離臺用無規律的削球供球至主練者的左、右兩角。

③主練者練習拉、扣下旋球。

【目的】

①掌握對付削球打法的主要技術。

②提升攻削球和對付兩面不同性能球拍削球的能力。

【要求】

①供球要有長、短落點和不同旋轉的變化。

②拉、扣可以先分別練，再結合練。

## （六）弧圈球結合快攻類打法的訓練

第一，培養這類打法大多是先打下一定的快攻基礎後，再練拉弧圈球的技術，逐漸轉入以拉、衝為主結合扣殺的訓練。這樣能較快地培養出轉、快結合，凶中帶穩的運動員。為了提升運動員擊球的速度，最好先進行一段時間的快攻訓練，然後再學拉弧圈球。但若是培養弧圈球打法為主而不結合快攻的，則可從開始就練弧圈球。

第二，在培養弧圈球結合快攻這類打法時，除了要認真抓好正手拉弧圈球速度快、前三板搶拉能力強的特點外，直拍在反手推擋基礎上還必須掌握一定的反手攻球技術。

第三，直拍弧圈球結合快攻打法，正手拉弧圈球是突出的優點，但由於反手的實力大都比較弱，因此，常常要不停地做大幅度的移動，用正手單面拉弧圈球，這樣在難度上比橫拍拉弧圈球要大得多，並且容易被對方調動而出現漏洞，這是必須下苦功夫解決的重要問題。解決的辦法，一是加強向後、左、右方向的步法訓練，用敏捷的步法來適當彌補反手的不足；二是加強反手加力推的訓練；三是掌握一板中臺反手攻球的技術。

　　第四，必須熟練掌握拉後扣殺的技術。

　　第五，必須練好凶、穩結合和有旋轉、節奏變化的拉球技術。

　　第六，必須具備一定的防禦能力，不能有明顯的漏洞。

### 1.主要技術的訓練

【內容】

　　①正手單線拉加轉、前衝弧圈球至對方一點（包括正手，側身斜線）。

　　②正手一點拉對方兩點和正手（側身）2／3臺拉對方兩點。

　　③正手全臺不同落點拉對方一點。

　　④反手拉、衝對方斜、直線。

　　⑤推擋斜、直線。

　　以上練習，對方用快攻、推擋或拉弧圈球陪練。

　　⑥全臺正手不同落點拉、衝、扣對方一點。對方以

削為主或拉弧圈球（反拉）進行陪練。

【目的】

①提升正、反手拉弧圈球的技術質量和相持時靈活變化球路的能力，以及步法移動的靈活性。

②為戰術訓練打下堅實的基礎。

【要求】

①中、近臺的腳步移動要放在第一位，反覆貫徹在練習之中。

②推擋和反手拉斜、直線，既要靈活，又要善變，切忌習慣性變線。

③拉球動作要舒展而又有爆發力，要防止引拍幅度過大或發死力去拉球，以免影響拉球和扣殺。

④在進行拉和衝或拉和扣的結合練習時，要特別注意體會兩種不同技術動作的區別，千萬不可用一種方法去擊球。

### 2.結合技術的訓練

【內容】

①推擋結合側身拉、衝、扣：這是直拍弧圈球打法爭取主動和增強左半臺攻擊力的一項重要結合技術。推擋結合側身拉，首先要求推擋技術過得硬，才能為側身拉創造條件。側身方法基本上與快攻的推擋側身相似，應在對方觸球後球剛一離拍立即側身為宜。在移動腳步時，要注意邊移動邊引拍，移動完成時，手臂已揮拍拉球，注意加強弧圈球的速度與命中率。

②側身拉結合撲正手：這是弧圈球打法中腳步移動較大、難度較高的一項結合技術。由於拉弧圈球的動作比快攻要大，故側身移動的範圍相對也比快攻側身移位要寬，造成正手空位也比快攻要大。因此，練習時不但要在側身拉後比較主動的情況下能撲正手，同時也要求在側身拉後比較被動的情況下也能撲正手，這才算是真正掌握了側身拉後撲正手的過硬本領。

③反手拉結合正手拉：這是橫拍弧圈球選手必須掌握的重要結合技術。比賽時橫拍運動員一般是先以反手連續拉弧圈球控制對方的反手，迫使對方用直線回擊，然後用正手拉弧圈球找機會扣殺，有時也用反手拉直線襲擊對方右角空檔，引誘對方回斜線，然後用正手拉弧圈球。練習反手結合正手拉時，由左向右交換或由右向左移位要力求快速並及時到位，否則會引起反手拉速度快而正手拉速度慢，容易造成漏拉。

④反手拉結合側身拉：這也是橫拍兩面拉弧圈球打法的重要結合技術之一。比賽時一般用反手拉弧圈球壓住對方的反手後，當對方在被動中回球到自己的左半臺時，可使用側身正手拉衝來得分制勝。練習反手拉結合側身拉時，關鍵在於反手拉弧圈球必須具有較大的衝力，或者拉球的角度較大，才能為側身拉創造有利條件。此外，練習側身拉時，必須注意移位要及時、迅速，才能充分發揮側身正手拉的威力。

【目的】

打法篇

149

①透過結合技術的練習，著重提升正、反手拉弧圈（直拍則是推擋）的技術質量，並培養適應和對付各種不同速度和旋轉的能力。

②作為單個戰術訓練，主要是提升相持或由被動轉為主動的戰術運用能力。

【要求】

①應穩、凶結合，並有意識地結合一定的速度進行練習。

②不要每板球都用 100% 的力量去拉、衝，以免由於拉、衝過凶而造成對方難度過大，使自己練不到結合性技術。

③作為單個戰術訓練，更應根據來球的不同情況，選擇各種不同的擊球時間。有時需要有意識地主動改變擊球時間，才能適應戰術運用的要求。

## （七）削球和削攻類打法的訓練

削球打法是早期歐洲的傳統打法，有著悠久的歷史和光輝的戰績。60 年代弧圈球出現以後，歐洲選手大多棄削為攻，目前在世界範圍內，這種打法仍屬稀有品種。中國選手在百花齊放方針的指引下，堅持削球打法的特色，結合世界乒乓球技術發展趨勢的要求，扶持此打法的發展，使此類打法為中國隊的「奇兵」，為奪得世界冠軍立下戰功。削得低、削得穩、旋轉差別大，能攻善守，是現代削球型打法的指導思想。「轉、穩、

低、變、攻」是削球型打法的技術風格，這一技術風格既反映了中國削球運動員的特色，又符合世界乒乓球技術的發展規律。削球穩又低是削球打法最基本要求。旋轉、落點、節奏的有機變化是削球打法爭取主動或直接得分的重要手段，發球搶攻、削中反攻技術是當代削球打法的主要得分手段。

## 1. 訓練中要注意的環節

### （1）提升對付弧圈球的能力

削球型打法在中國具有悠久的歷史，也曾多次在世界大賽中為中國爭得榮譽。由於當今弧圈球技術迅速發展，使削球型打法遇到了許多困難。因此，提升削球手對付弧圈球的能力，擺脫弧圈球的控制是當務之急。提升對付弧圈球的能力要做到以下幾點：

①提升削接弧圈球的穩健性

在削接弧圈球時，根據來球的旋轉，及時調節擊球時間、揮拍速度及動作幅度，是提升削球穩健性非常重要的環節。

②提升削接弧圈球的凶狠性

現代削球型打法除了做到削接弧圈球要穩以外，還應做到削過去的球弧線既低、旋轉變化又強，並且要提升積極削球的意識。這樣既能為自己擺脫被動、爭取主動、找到有利的時機，又能抑制對方拉出高質量的弧圈球。但從目前來看，大多數削球還未真正擺脫弧圈球的控制，普遍存在的問題是：削球弧線偏高，被對方衝

殺，頻於招架，難以取勝。因此提升削接弧圈球的凶狠性，是削球手過弧圈關的重要環節。

（2）加強削攻結合能力

削攻技術的密切結合及連續進攻能力，是削攻打法兩項很重要的基本功，也是當前世界乒壇發展潮流對削球打法提出的新要求。現代削球打法訓練要重視解決削與攻緊密結合、提升隨機削與攻的變化能力，要改變那種「削球只能在出現機會後才能攻一板以定乾坤」的落後觀念。從戰術運用來看，攻球不僅是削球的得分手段，而且還有干擾作用，削中反攻，旋轉和速度都發生變化，可以干擾對方的判斷及擊球節奏，因此，在削中伺機反攻戰術固然可行，但在沒有機會的情況下，施行「搶攻」也是現代乒乓球技術對削球手提出的更高要求，削球為攻球創造機會，攻球為削球提供方便，相輔相成。在訓練中應從以下幾個方面提升主動進攻的能力和攻削結合的能力。

①加強前三板積極主動的意識和能力

現代乒乓球技術的發展要求削球型選手與快攻型、弧圈型選手一樣，重視前三板技術的主動進攻意識和能力，改變以往那種只重視削球技術的提升，忽視前三板技術的現象。削攻型選手要充分利用發球來發動進攻，不光是敢於搶攻、搶拉對方回擊過來的下旋球，而且要敢於搶攻對方拉過來的上旋球。採取全方位的上手進攻，即使前兩板未能「攻死」對方，還可退到中遠臺削

出各種多變的旋轉球與對方相持。在接發球方面也應加強主動上手的意識與能力，不能總是以搓球回接，還要採取點、拉、撥、挑、衝、打等技術，即使不能直接得分，也要達到打亂對方發球搶攻節奏的目的。中國優秀攻削型打法選手丁松在第43屆世乒賽中，發搶得分率達84%，使用率達到了34%，接發搶得分率達到50%，使用率達到27%，超過了一般攻球手的水準。爭取前三板的主動，全方位的上手進攻，賦予削球打法更高層次的攻球意義，是當代削攻打法發展的新潮流。

②加強削中反攻及連續進攻的意識和能力

現代削攻打法除了由削球來旋轉變化、抑制對方進攻並能直接得分外，還要由削球的旋轉變化，積極為進攻創造得分手段，加強削中反攻的意識，不但能近臺反攻，還要會中臺削中反拉，甚至可以連續對拉几板。削攻技術的密切結合及連續進攻的能力，是當前乒壇發展潮流對削攻選手提出的新要求，在訓練中要加大攻削結合的訓練比例，提升隨機削和攻的變化能力，只有這樣，在比賽中才能做攻削自如。

③加強左半臺的進攻能力

一般削球選手的進攻主要靠正手，而左半臺的進攻是薄弱環節，主要表現一是側身少，二是反手不會攻或者不敢攻，尤其是女子選手，退到中臺更沒有反手攻球，常被對方將過渡球送到反手位，再伺機盯兩角，顯得很被動。培養現代削攻選手，應正反手都會攻、會拉

弧圈球，還能大膽側身攻，這樣才能適合當前世界乒壇技術發展的要求。

### 2.正、反手穩削

主練者從正、反手位削對方的左、右半臺，陪練者在左、右半臺拉各種弧圈球。

【目的】

提升穩削各種弧圈球的能力，達到對方拉 10 板就能穩削 10 板的水準。只有掌握了過硬的削球本領，比賽時才不致感到後方空虛，心神不定。

【要求】

①要有堅持連續削球數十板的韌性，不怕枯燥，不怕勞苦。

②在削得穩、以低為主的基礎上加大旋轉變化。

③要求不停頓地做前、後，左、右的移動，重心和步法交換要迅速，正、反手削球揮臂的動作幅度相差不宜過大，以免造成反手快而正手慢的毛病。

### 3.正、反手削轉與不轉結合控制落點

（1）削加轉球

主練者從左、右兩角削加轉球，陪練者從左、右半臺拉加轉弧圈球。

【目的】

加轉削球是削球搞旋轉變化的基礎，加轉削球掌握不精，就根本談不上打削球的旋轉變化。

【要求】

①正、反手削球的擺速和步法移動要快而準確，以利加大削球的旋轉。

②注意上臂帶動前臂，發力要集中，以增大削球的力量。

（2）削不轉球

主練者從左、右兩角削不轉球，對方在左、右半臺拉前衝弧圈球。

【目的】

提升削不轉球的質量，為削球搞轉與不轉創造條件。

【要求】

①動作外形應與削加轉球儘量相似。

②落點要長，弧線要低。

（3）削轉與不轉結合控制落點、全臺對全臺

主練者正、反手削轉與不轉結合控制落點，陪練者無規律地拉各種旋轉及落點變化的弧圈球。

【目的】

主要是提升削球旋轉變化的能力。作為戰術訓練則是運用轉與不轉擾亂對方，為反攻創造有利條件。

【要求】

①削轉與不轉的手法要力求相似，並儘量壓低弧線。

②作為單個戰術訓練，除旋轉變化要靈活運用外，應有控制落點的意識，不然，旋轉變化雖大，但經常打

不到對方弱點位置上，也就難有反攻的機會。

### 4.中路削球

主練者正、反手讓位，用貼身削球至對方全臺，陪練者拉弧圈球緊逼主練者中路追身及中間偏左或偏右的貼身位置，配合突然拉一板大角度球。

【目的】

提升削中路追身球的能力，並掌握由被動爭取轉為主動的技術和戰術。

【要求】

①要能靈活地向左、右讓位，用正、反手削接，同時回球控制落點的意識要強。

②遇到對方突然打來的大角度球，要全力以赴去削接。即使已無法及時跑到位，也要做出移動的動作。

### 5.削球結合反攻

主練者全臺正、反手削或攻對方1／2臺，對方用拉、攻或推擋陪練。

【目的】

提升削中反攻的能力。

【要求】

①結合實戰的要求，在各種技、戰術訓練中，抓住一切有利時機練習反攻，這是提升削中反攻能力主要的和行之有效的方法。但削和攻是兩項截然不同的技術，還必須有專門的練習時間，才能打下紮實的削中反攻的技術基礎。

②一定要在削球的基礎上，結合練習反攻技術，如果忽視削球，一味追求多攻，在比賽時削和攻的結合運用就容易混亂。

③要練習正、反手都能反攻對方的搓球、拉球和推擋球。不僅要練近臺反攻，也要練一定的中遠臺反攻。只有掌握了比較全面的反攻技術，比賽中才能有威脅。

④作為戰術訓練，反攻不要求板數多，而是要求不攻則已，一攻就要置對方於「死」地。反攻時，要特別注意抓準時機，選好位置，以提高成功率。

### 6. 接突擊球和強烈前衝弧圈球

主練者全臺削對方從左、右半臺攻或拉過來的球，並有意識地讓對方在比較主動的情況下，充分發揮突擊和拉前衝弧圈球的威力。

【目的】

提升被動防禦及後發制人的本領。

【要求】

接突擊球或前衝弧圈球雖然難度很大，但在比賽中，往往因為能頂住對方一兩板凶猛的攻球或強烈的前衝弧圈球而「起死回生」，所以，一定要積極地進行練習，要求能連續頂住三板的能力。

### 7. 削、攻、拉、擋、拱全面結合的練習

一是全臺對全臺。主練一方主動削轉與不轉，抓住時機上近臺反攻或擋後變拱再攻，或在中臺反拉弧圈球。陪練一方可以任意變化拉球的旋轉和落點。

打法篇

二是主練一方，先用擋球變化落點找機會進攻，對方變搓時，可用拱球後再攻，如遇對方加力拉攻時，可退臺用削球控制落點後再變擋攻，如此反覆進行。

【目的】

將各種技術結合起來，練好練精，豐富戰術內容，加強戰術變化。

【要求】

①一次訓練課或一個階段的安排，應根據情況，在綜合性練習中，側重練習一兩種技術（削中反攻，削中轉擋、拱，或擋中轉削等），這樣才易收效。

②練各種結合技術時，要選擇好運用時機，不能單純追求回合多，以免脫離實戰，練而無用。

## （八）結合技術訓練和戰術訓練的區別與聯繫

結合技術訓練和戰術訓練是不同的兩個概念：

凡是兩個或兩個以上單個技術結合起來進行有規律的訓練稱之為結合技術訓練；凡是以無規律而又帶有一定克制對方為目的的訓練稱之為戰術訓練。因此，結合技術訓練是有規律的，運動員事先知道球的下一個落點，而戰術訓練時運動員是不知道球的落點與旋轉，全靠運動員的判斷。

但是，準確而熟練地掌握各種技術的結合運用是進行各種戰術組合的基礎，可以說結合技術是戰術組合的雛形。

## 戰　術　篇

　　戰略、戰術二詞，原為軍事用語。其含義如下：

　　戰略：對戰爭全局的籌劃和指導。研究帶全局性的戰爭指導規律，是戰略學的任務。

　　戰術：進行戰鬥的原則和方法。研究帶有局部性的戰爭指導規律，是戰術學的任務。

　　從上述定義中看，戰略與戰術的根本區別就在於：一個是指全局，另一個是指局部。根據乒乓球比賽的實際，一個隊參加一屆大型的比賽，其參賽人員的確定、突破口的選擇（如中國男隊近年參加世界比賽，選擇了雙打為突破口），皆屬戰略研究的範疇。

　　戰術，從狹義上來說，主要是指在比賽中根據對方的類型打法及技術特點，而採用的各種技術的原則與方法；從廣義上來講，則是指技術、意志、智能和素質在比賽中有針對性的綜合運用。

　　運動員在比賽中，根據自己和對手的具體情況，正確而又有目的的把自己所掌握的各種技術有意識地組合起來，從而充分發揮自己的技術風格特點，制約對方的長處，緊緊抓住對方的弱點，為戰勝對手所採取合理有

效的手段和方法，就形成了戰術。然而，戰術是以基本技術和技術實力為基礎的。只技術掌握全面、純熟、實用且有質量，才能更好地完成比賽中的戰術實施，並取得良好的效果。

在運用戰術過程中，要體現以我為主、積極主動、機動靈活的思想，打出風格，打出水準。在乒乓球比賽中，進攻與防守、主動與被動、進攻與反擊經常在短時間內交替出現並相互轉化。

因而，平時的技術訓練要在一定的戰術要求下進行，注意帶著戰術和比賽的觀念去練技術，才能練得活，才能達到練以致用的目的。基本技術與戰術，既有明顯的區別，又是緊密地聯繫在一起的。兩者相互依存又相互促進。技術的發展必然會產生新的戰術，而後戰術又會促進技術的提升與發展。

# 一、制定戰術的基本原則

### 1. 勤於觀察，善於分析

乒乓球比賽時，運動員要及時觀察場上戰局的變化，特別要注意分析對方的心理，及時調整和改變自己的對策，鼓舞鬥志，增強信心。情況往往是這樣：你怕對方，對方也在怕你。及時改變對策，果斷地給對手以出其不意的攻擊，破壞其作戰意圖，從心理上給對方以威脅，長自己的士氣，爭取戰而勝之。

### 2. 機動靈活，隨機應變

考慮制定戰術時，必須靈活多變。某種打法或某種戰術，在開局時對方可能不適應。如某種發球，開始可能直接得分不少，一旦對方適應反而會出現被攻的被動局面，這時就需要改變發球方式。又如，比賽中連連攻擊對方反手，使自己取得了扣殺的戰機，效果也不錯，但當對方適應後反而攻擊自己的中間或正手位，這時就需要採用旋轉、節奏、落點等變化，來給對方製造新的困難，才能達到取勝的目的。

### 3. 以己之長，制彼之短

每個運動員都有自己的打法和風格，不管哪一層次水準的運動員，也都有其長處與不足。如有的發球好一些，有的善於打快攻，有的善於搓中突擊，有的拉弧圈球的運動員又有正反手優劣之別等等。這樣就要求在比賽時，要善於分析自己和對方的特點與不足，發揮自己的長處，抓住對方的弱點，以己之長，制彼之短，掌握比賽的主動權，爭取比賽的勝利。

### 4. 知己知彼，有的放矢

比賽前，不但對自己的技術情況要心中有數，而且要由觀察分析去了解對手整體的作戰情況，摸清對手的球拍性能、基本打法、技術戰術運用特點、特長技術、心理素質及體能狀況等，然後有針對性地制定出切實可行的戰術方案，真正做到知己知彼，有的放矢，以求戰勝對手。

戰術制定切忌單調，一般有常規戰術，有隨機而變的戰術，有危機時的拼搏戰術，有心理戰術等等。胸中有數，才能對付場上的多種變化。

### 5. 勇猛頑強，敢打敢拼

制定戰術，還必須體現積極主動的指導思想。具體實施時要有果斷大膽、勇猛頑強、敢打敢拼的精神。比分領先時乘勝前進，相持時不手軟，落後時不氣餒，奮起直追，大膽貫徹自己的戰術意圖，力爭達到預期的目的。

以上各個原則是有機聯繫、互為條件、辯證統一的。制定和運用戰術的前提條件是必須了解對手的技術特點和打法情況。因此，運動員在培養自己戰術意識的同時，應著重注意培養觀察對方技術、戰術特點和打法情況的能力。

由此，才能在比賽中於較短時間內迅速掌握對手的技術、戰術情況，及時制定出作戰方案，在比賽中靈活運用戰術，贏得比賽的勝利。

# 二、乒乓球的基本戰術

## （一）發球搶攻戰術

發球搶攻是我國乒乓球運動員的重要戰術之一。近年來，世界各種類型打法的運動員都越來越重視這一戰

術，並使之有了很大的發展。

發球搶攻的戰術意識應首先是發球直接得分；其次是迫使對方回球質量不高，從而贏得有利進攻機會；第三才是迫使對方接發球無法具備殺傷力，自己進行搶攻。

運用發球搶攻時，應注意以下幾點：

● 注意發球與搶攻的配合。發球時，應明確對方都可能怎樣接、接到什麼位置、自己怎樣搶攻等。

如：歐洲弧圈球選手在與中國快攻型選手對陣時，往往將球發至對方的反手位，然後搶拉弧圈球則十分有利。但中國快攻運動員把下旋發至弧圈球選手反手，對方或接發球搶拉、或搓一扳強烈下旋至中國選手反手時，則中國快攻運動員往往被動。

● 注意發球搶攻與其他戰術的配合。現接發球水準越來越高，有時接過來的球很難搶攻。此時，可先控制一板，爭取下一板搶攻。不能一心只想發球後就搶攻，一旦無機會或盲目搶攻則顯得無計可施，都會形成相持球的被動。

● 注意提升發球的質量，將速度、旋轉和落點的變化結合起來。同時，應特別強調發球技術的創新，為搶攻製造更多的機會。當前，應特別注意克服發球種類「清一色」高拋、發球落點只短無長的現象。

● 搶攻應大膽果斷，不論對方用搓、拉（包括弧圈球）等技術接發球，自己應都能搶攻。搶攻的技術好，

可以增加發球的威力。因為對方接發顧慮多，就容易出
機會。

●每個運動員應有兩套特別突出的發球搶攻，多而
不精或只有一招都不好。

●發球要與運動員本身的特點、特長配套，才能起
到相應的實效。

下面介紹幾套主要的發球搶攻戰術。

**第一套：發側上、下旋球結合落點變化進行搶攻**

**1. 左長右短（圖2）**

以發側下旋短球為主配合側上旋至對方右方近網
處，使發出的球在對方臺面上兩跳，甚至三跳不出臺，
迫使對方難以搶攻，從而為自己搶攻或搶拉製造機會。
在此基礎上，再發出角度大的長球（以急下旋為主）至
對方左方臺區，使對方難以發力先拉或攻，為自己側身
或正手位搶攻創造條件。

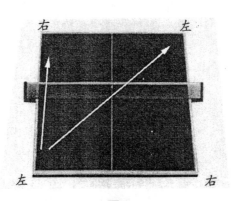

圖2

例如在第 44 屆世乒賽中，鄧亞萍迎戰削球名將施婕時，鄧亞萍先發側下旋短球至施婕右方近網處，施婕多次將球搓回，使鄧亞萍的側身搶攻連連得手。當施婕被鄧亞萍的短球所吸引而站位靠近球臺時，鄧亞萍又出其不意地發左側上旋長球至對方反手位，使施婕接發球時難以加轉和回短，鄧亞萍充分發揮了正手搶攻得分的特長，以 2：0 輕取施婕，兩局的比分均未超過 15 分。

　　又如第 44 屆世乒賽中、法男團決賽中，孔令輝出戰法國名將蓋亭，蓋亭是左手執拍，孔令輝便以反手發右側上旋球至蓋亭右方近網處，蓋亭多次回斜線至孔令輝的正手位，孔令輝果斷地搶攻直線或斜線得分。當孔令輝覺察出蓋亭有側身搶攻意圖時，立即改變發球方式，以發左側下旋長球至對方左方（正手位），迫使蓋亭移位將球拉起，孔令輝伺機用反手搶攻直線得分。

　　註：圖中的左右方向均以右手握拍為例，後同。

　2.右長左短（圖3）

　　這種發球搶攻戰術與前面的左長右短相反。運用得當往往會取得很好的效果。中國選手王濤和王楠都是左手執拍，因此在與右手執拍的選手對陣時，常採用右長左短的發球搶攻（拉）的戰術。

　　在第 44 屆世乒賽上，王濤和王楠均有這方面的精彩戰例。在王濤對法國的冷面殺手埃洛瓦的比賽中，王濤先發右側上旋短球至埃洛瓦的左方反手位，埃洛瓦接發球不能發力拉，王濤伺機側身搶拉或用反手彈擊得

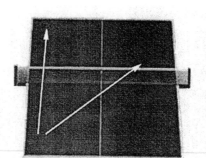

圖3

分。然後再結合發右側下旋長球至埃洛瓦的右方正手位，埃洛瓦以輕拉回接，王濤側身搶攻連連得分。在女子團體賽中，王楠迎戰德國的沙爾，也是採用右長左短的發球搶攻戰術，效果顯著。

3.同線長短（圖4）

在對付橫拍削球手時採用同線長短的發球搶攻戰術

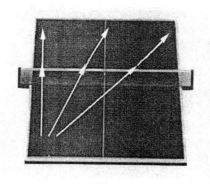

圖4

圖 5

比較多。其中比較有效的是中長中短。因為橫拍削球選手回接中路近網短球或中路追身長球時難以打旋轉變化球，往往回球質量不高，陷入被動。對付橫拍兩面攻和兩面拉的選手，採用這種戰術也是很有效的。

上述左長右短、右長左短、同線長短的發球搶攻戰術，可以在旋轉變化的基礎上交替變化線路與落點，運用得好，就會取得顯著效果。

**第二套：發轉與不轉結合落點變化進行搶攻**

1. 轉與不轉發相同落點（圖 5）

以不出臺球為主，先發轉後發不轉（也可先發不轉後發轉球）進行搶攻。

2. 轉與不轉發不同落點（圖 6）

連發短球後突發長球進行搶攻。

在第 44 屆世乒賽中、韓女團決賽中，李菊對韓國隊杜貞實就是以這套發球搶攻戰術為主而取得勝利的。

圖 6

第 1 局，李菊用反手發加轉下旋球至杜貞實中路偏右近
網處，杜以搓回接，李菊伺機搶拉，然後又以相似手法
發出不轉球至相同落點，杜仍用搓回接，李菊立即重板
扣殺。由於杜貞實是橫握球拍，李菊抓住其弱點，連發
轉與不轉短球至杜的中路；當杜注意到短球後，李菊又
突然發中路追身長球，杜只好將球輕拉過來，李菊以正
反手搶衝。在第 1 局的較量中由於杜貞實接發球被攻失
分太多，以 8：21 告負，最後李菊以 2：0 輕取杜貞
實。

　　**第三套：發急球與側上、下旋球相結合進行搶攻**

　　1.發急球與上、下旋短球結合（圖 7）

　　2.發上、下旋球與急球結合不同落點（圖 8）

　　發急球或急下旋球與側上、下旋球短球相結合，以
發急球為主配合短球。

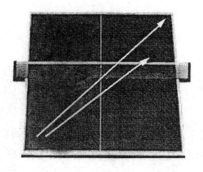

圖 7

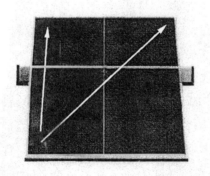

圖 8

發側上、下旋球與急球結合發不同落點，以側身發側上、下旋球（包括高拋球）為主配合右角急球，正手發奔球到右角配合發急球到左角。

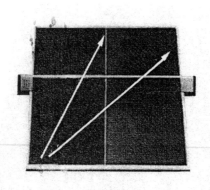

圖 9

### 3. 發轉與不轉急球配合發不同落點（圖 9）

在第 44 屆世乒賽上，中國直拍正膠快攻運動員楊影在對法國希拉和德國施特魯澤時，運用這套發球搶攻戰術十分成功。楊影的發球旋轉強、速度快，在發球搶攻中充分發揮了速度優勢。

如楊影第 1 局與施特魯澤打到 20 平時，楊以一個出手極快的急下旋發球突襲施特魯澤反手，施只得將球輕托過去，楊影搶攻中路得分。楊影拿下這一局後，又以這套發球頻頻發起快攻，輕鬆地勝了第 2 局，為中國女隊 3：0 戰勝德國女隊立下頭功。

### （二）對攻戰術

對攻，是進攻型打法選手互相對壘時常採用的一項重要戰術。快攻類打法，主要是依靠正、反手攻球和反

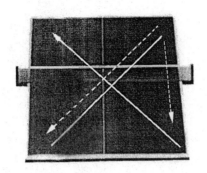

圖 10

手推擋（快撥）技術，充分發揮快速多變的特點調動對方，以達到攻擊的目的；弧圈類打法，主要是依靠正、反手拉弧圈球技術，充分發揮旋轉的威力牽制對方，以達到攻擊的目的。常用的對攻戰術主要有以下幾套。

**第一套：攻兩角戰術**

1. 對角攻擊（圖 10）

先以側身斜線攻一角，再以正手斜線攻另一角。第44屆世乒賽楊影對德國的施特魯澤，兩人在反手位相持幾板後，楊影抓住對手回球稍慢的機會，搶先側身攻斜線狠壓對方反手，施特魯澤為了擺脫被動局面，勉強以反手撥直線至楊影正手位，楊乘勢撲右，攻斜線至施的右方大角度，速度之快竟使施特魯澤沒有碰到球。

2. 雙邊直線（圖 11）

先以直線攻一角，再以直線攻另一角。

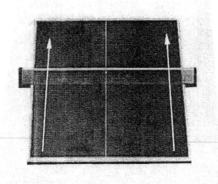

圖 11

　　第 44 屆世乒賽中、法男團決賽，孔令輝首戰法國名將蓋亭。在對攻中孔令輝的雙邊直線戰術效果顯著。孔先以反手攻直線壓住蓋亭反手，使其沒有側身攻的機會。蓋亭在無法側身的情況下企圖襲擊孔的正手位找機會，但孔令輝已有準備，迅速跳步到右方衝直線得分。實踐證明，雙邊直線戰術不僅對蓋亭有效，而且對歐洲的其他選手同樣具有殺傷力。中國運動員的雙邊直線出手快，突擊性強，落點均在球臺的左右兩角，這對身材比較高大的歐洲選手來說是頗具威脅的。

　　3.逢斜變直，遇直變斜（圖 12）

　　這是襲擊對方空檔和大角度的戰術。無論是斜變直或是直變斜，回球的落點均在球臺的角上。一般快攻運動員在運用這一戰術時攻球節奏的變化十分巧妙。當在逢斜變直時，多在來球的上升期擊球，以速度為主；遇

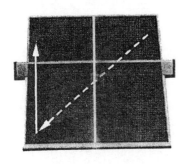
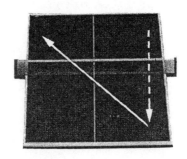

圖 12

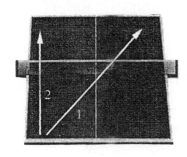
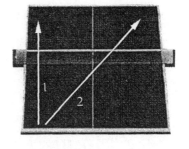

圖 13　　　　　　　　圖 14

直變斜時，多在來球的高點期發力攻、衝。由於擊球節
奏的變化，往往使對方難以適應。

4. 調左壓右和調右壓左

這兩種戰術的採用要根據對手的實際情況來決定。

**調左壓右**（圖 13）

如果對手是左手執拍，且擅長側身攻，則在對付這

類選手時採用調左壓右的戰術，往往會取得好的效果。

調右壓左（圖14）

所謂調右壓左，也就是將右手執拍的選手調到正手位迫使其離臺，然後再打反手，使對方同樣不能發揮反手攻和側身進攻的特長。

調左壓右和調右壓左，都是把對手調到正手位後再壓反手。調正手和壓反手兩者之間是緊密聯繫和相輔相成的，但必須明確調正手的目的是為了壓反手。目前這種戰術已被世界上許多優秀選手所採用。但值得注意的是，不論是用推擋、用反手攻還是用側身進攻對方的正手，都必須有較快的速度，並且回球的角度要大，才能獲得調動對方為自己爭取主動的目的。

5. 緊壓反手，結合變線，伺機搶攻

快攻打法的特長往往比較集中在左半臺的技術上，例如，反手推擋、反手攻球和側身攻球，都是快攻打法在比賽中得分制勝的重要技術。

比賽時緊壓對方反手，迫使對手把球回到自己的左方來，以利於充分發揮自己左半臺的技術特長，是快攻打法最基本的對攻戰術，也是以己之長攻對方之短的有效戰術。如果對方左半臺反手技術較弱，運用這一戰術效果會更好。運用這一戰術時，一般先用推擋或反手攻壓住對方反手，角度要大，如果對方勉強側身用正手將球拉起，可連壓反手或快速變直線到對方右方空檔，伺機側身搶攻；如果對方採用側身搏殺，則可配合變線，

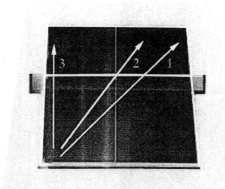

圖 15

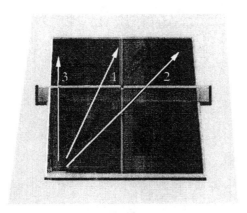

圖 16

以牽制對方（圖15）。

**第二套：攻追身戰術**

1.攻追身殺兩角

先攻對方中路追身，再攻對方左角或右角（圖
16）。

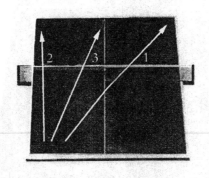

圖 17

## 2. 攻兩角殺追身

先攻對方左右兩大角，伺機攻對方中路追身（圖17）。

## 3. 連續攻追身

當對方注意到左右兩角時，可連續攻追身，在連續攻中伺機發力扣殺中路或兩角（圖18）。

這套攻追身戰術，是對付橫拍常用的戰術。中國選手與歐洲選手對陣時，一般都是搶先採用攻追身的戰術以爭取主動，同時可以防止對方對自己發起追身攻擊。

## 第三套：輕重球結合戰術

乒乓球技術中，擊球力量的輕重調節與戰術的變化有非常密切的關係。在戰術中有關擊球力量的調節和運用，基本分為：人輕我重、人重我輕、人輕我輕、人重我重和輕重結合五種。不僅在一場、一局比賽中，甚至

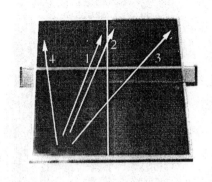

圖 18

在 1 分球的爭奪過程中，都存在著力量輕重的交替運用和變化。常用的輕重球結合的戰術有：

1.同線輕重球結合運用。以正、反手拉球和突擊攻對方同一落點。

2.異線輕重球結合運用。先以輕拉或擋球引對方靠前回接，再以突擊或加力推去攻擊對方的相反方向。

3.中路輕重球結合運用，先以中路近網短球引對方上前回接，再突擊對方追身長球。

## （三）拉攻戰術

這是以攻為主打法對付削球類打法的主要戰術。要使拉攻戰術運用得好，首先要拉得穩，並有落點、旋轉和力量的變化，才能製造更多的戰機；其次，要有拉中突擊或拉衝結合和連續扣殺的能力，方能奏效。常用的

拉攻戰術有以下幾套。

### 第一套：攻兩角戰術

1. 對角攻擊。

2. 雙邊直線。

3. 逢斜變直，逢直變斜。

4. 連攻左角，突襲右角；連攻右角，突襲左角。

### 第二套：攻追身戰術

1. 攻追身，殺兩角。

2. 攻兩角，殺追身。

3. 拉追身，殺追身。

### 第三套：轉與不轉或輕重拉結合戰術

1. 加轉弧圈球與前衝弧圈球結合。拉加轉弧圈球吸引對手上前削接，再以前衝弧圈球迫使對手後退，為連續衝（扣）製造機會。

2. 真假弧圈球交替運用，伺機衝殺。

3. 運用輕拉與突擊結合，配合落點變化找機會扣殺。

## （四）搓攻戰術

這是進攻型選手的一項輔助戰術。主要是利用搓球的旋轉及落點變化，為進攻創造機會。但搓球次數不能過多，一般快搓一兩板就要組織進攻。常用的搓攻戰術有以下幾套。

### 第一套：搓不同落點進行突擊

1. 搓兩角伺機突擊。

2. 搓同線長短，伺機突擊。

3. 搓異線長短，伺機突擊。

4. 搓追身，伺機突擊。

### 第二套：搓轉與不轉結合落點變化進行突擊

1. 快搓轉與不轉球結合變化落點，伺機突擊。

2. 快、慢搓結合，利用節奏和旋轉變化，伺機突擊。

3. 下旋搓球結合側旋搓球，伺機突擊。

### 第三套：搓拉結合落點變化伺機突擊

1. 先搓後拉，伺機突擊。在對搓中突然運用快拉或拉弧圈球找機會扣殺。

2. 先拉後搓，伺機突擊或扣殺。

上述兩種搓拉結合戰術，是以打亂對方前後步法為主，使其回球質量不高，為自己突擊製造機會。

## （五）削攻結合戰術

削攻結合打法的特點是站位中遠臺，削球穩健，旋轉變化大，落點控制能力強，正、反手都能進攻。多以削球的旋轉變化為進攻創造機會，常用戰術主要有以下幾套。

### 第一套：削兩角伺機反攻

1. 對角緊逼，伺機反攻。

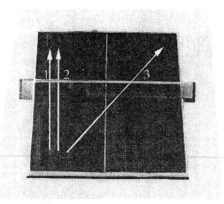

圖 19

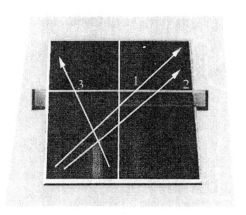

圖 20

2.連削直線，伺機反攻（圖 19）。

3.連逼左角，突變右角，或連逼右角、突變左角，伺機反攻（圖 20）。

4.逢斜變直，逢直變斜，伺機反攻。

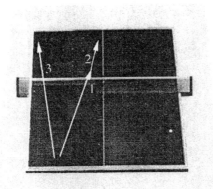

圖 21

### 第二套：削長短球伺機反攻

1. 削同線長短球，伺機反攻。

2. 削異線長短球，伺機反攻。

3. 削追身長短球伺機反攻。如先削中路短球，再削追身，伺機反攻（圖 21）。

### 第三套：削轉與不轉，伺機反攻

1. 先削加轉，後送不轉，並結合變化落點，伺機反攻。

2. 先削下旋，突削側旋，擾亂對手，伺機反攻。

3. 連續削中突然拉上旋，擾亂對手，伺機反攻。

### 第四套：削攻結合

1. 時削時攻。有時連續削球，有時連續與對手展開對攻。

2. 左削右攻或右削左攻。運用旋轉和節奏的變化擾

亂對方，爭取主動進攻。

## （六）接發球戰術

接發球所採取的對策，包括在前三板戰術運用的範圍。它對整個戰局能否獲得主動有著重要的作用。在雙方都力爭積極主動的比賽中，如果接發球處理不好，很快就會陷於被動的地位。因此，接發球戰術必須樹立積極主動的思想，爭取搶先進攻或形成相持局面。

不同類型打法的選手（尤其是攻擊型選手），應利用各種不同的手段去接發球，並要善於與個人打法特點及自己的特長技術密切結合和串聯起來，以便在比賽中充分發揮自己的特長。

常用的接發球戰術主要有以下幾種：

1. 用拉球、快撥或快推回擊，爭取形成對攻的相持局面。

2. 用快搓擺短回接，使對方難以發力搶攻或搶拉。中國選手劉國梁、孔令輝、王濤、鄧亞萍、楊影、李菊等在國際大賽中，常以嫻熟的快搓擺短技術回接對方發過來的強烈下旋球，破壞對手發球搶攻或搶拉弧圈球的戰術意圖，從而為自己爭取主動進攻創造有利條件。

3. 對各種側旋、上旋或不強烈的下旋短球，可用「快點」回接。「快點」回球速度快，並有線路變化，突然性強，對付歐洲的弧圈型打法選手，往往會取得顯著效果。

4. 接發球搶攻或搶拉。

這是比較積極、凶狠的回接方法。在第 44 屆世乒賽中、法男團決賽，王濤對埃洛瓦主要是採用接發球搶攻或搶拉的戰術。埃洛瓦打法凶狠，擅長發球搶拉。但當埃洛瓦發出較長的側旋或下旋球時，王濤判斷迅速、準確，出手果斷，或用正手搶拉，或用反手彈擊。上手後則進行連續攻擊，使埃洛瓦無法施展發球搶拉弧圈球的戰術。

以上四種接發球戰術，在比賽中可視場上具體情況結合起來運用。要靈活多變，採用多種回接方法，給對方製造各種復合刺激，使其難以適應，從而破壞其發球搶攻或搶拉的戰術意圖。

# 三、各種類型打法的戰術及其運用

## （一）快攻類打法的戰術

快攻打法的戰術指導思想就是充分利用快速多變的特點來調動並控制對手，以達到攻擊對方的目的。在對付攻球打法的戰術中，主要是運用推擋和近臺正、反手攻球來攻擊對方，並利用發球、拉球、搓球等手段為攻球創造條件。在對付削球打法的戰術中，主要是運用拉球、突擊和扣殺來攻擊對方，並利用發球、搓球、推擋等手段為攻球創造條件。無論是對付攻球還是對付削球

的戰術，都應該充分發揮本身快速的主要特點，輔以多種變化使自己處於主動地位，以便克敵制勝。

快攻類打法的主要戰術大致可分為發球搶攻、對攻、拉攻、搓攻及接發球五項。下面分別加以闡述。

### 1. 發球搶攻

發球搶攻是快攻類打法利用發球力爭主動、先發制人的一項主要戰術，是比賽的重要得分手段。發球運用得好，常能打亂對方的戰略部署，造成對方的慌亂。特別是關鍵時刻，運用發球搶攻戰術尤為重要，相持時可以用它來打開局面，力爭主動，領先時可以用它來乘勝追擊，一鼓作氣戰勝對方，落後時可以用它來作最後搏殺，力挽狂瀾，反敗為勝。

發球搶攻戰術大體有下列幾套。

（1）反手發側上、下旋至對方中間偏右近網處，配合發大角長球伺機搶攻

這是兩面攻選手常用的一套發球搶攻戰術。利用發短球後兩面起板搶攻，尤以反手起板出手快使對方較難防禦（圖 22）。左推右攻選手發短球後可用快速側身搶攻，如能結合反手搶攻則效果更好。尤其是對付兩面拉弧圈球打法，利用反手搶攻可增強主動進攻的能力，值得提倡。

發短球要注意落點不宜出臺，以免讓對方搶先拉起（但若對付削球打法，有時可發至中路偏右側剛出臺處，使對方既難加轉，又不易回短，利於搶攻），待對

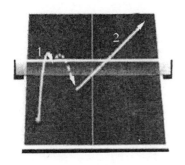
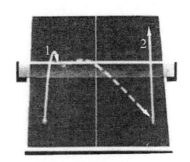

用反手回擊　　　　　用正手回擊

圖 22

方站位靠近球臺時，突然配合發長球進行側身為主的搶攻。發球旋轉要發足，落點變化要靈活，使對方瞻前顧後難以發力先拉。如果對方是兩面拉打法，有時可發中路長球，待對方輕輕將球托起時再進行搶攻。

（2）反手發急下旋球為主，配合短球和急上旋球後搶攻或搶推

　　這是擅長推擋得分的選手常用的發搶戰術。由於急下旋球速度較快，又帶有下旋，對方不易發力回擊，如向上托起便可加力推壓或側身搶攻。但如對付兩面拉選手，在對方站位離臺較遠時效果會稍差，因為對方可以發力拉起，這時就要用短球先將其引至臺前，再發急下旋球才能奏效。

　　這套發搶戰術以對付近臺進攻型打法或正手單面進攻的打法比較有效。發球角度要大些，對付兩面拉弧圈

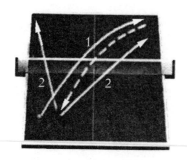

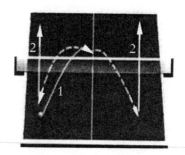

反手發急下旋長球　　　　　反手發急下旋短球

圖23

者則落點發至中路近身。為了迷惑對方，有時可發急上旋球作為配合運用。（圖23）

（3）正手發轉與不轉短球至對方正手或中路為主，配合發長球至對方反手，伺機搶攻（圖24）

　　我國快攻型選手劉國梁常常採用這套發球，他一般先發轉球，然後再發不轉球進行搶攻。由於他發轉與不轉球時動作相似，旋轉變化大，因而經常使對方回接下網或接出高球，甚至有時還接出界外。此球以發至中路靠右近網為主，使對方正手搓球不易控制；有時亦可發出臺球，以造成對方直接拉失。此套發搶戰術如能配合反手搶攻直線則威脅更大。

（4）正手發右側上旋急球至反手或中路，配合發左側旋直線長球或近網短球，伺機搶攻（圖25）

　　正手發右側上旋急球又叫「奔球」，運動員用正手

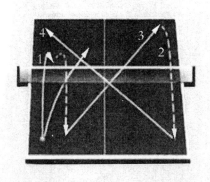

圖 24

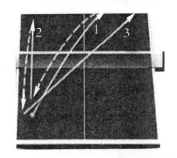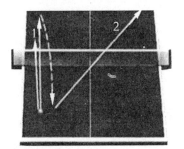

圖 25

發右側上旋急球至對方左半臺，由於球的右側旋很強，球可能向對方的反手位拐出，可見此球有獨特之處。

　　此發球主要是迫使對方在反手位去接發球，然後搶攻對方的正手，它往往使對手忙於照顧兩角，因而對付削球打法或中臺進攻型打法比較有效。當對方有所準備

戰術篇

187

時，可配合發左側旋直線急球至正手位或突然減力發近
網短球，以擾亂對方。

（5）正手發高拋左（右）側上、下旋球至對
方正手位（角度越大越好），配合發反手位急球進
行搶攻（圖26）

此發球在50年代後期就已開始使用了。當時是採
用低拋發球，發球落點以左大角為主，迫使對方用反手
搓回接，然後側身進行搶攻。到70年代，逐步發展為
高拋發球，使旋轉大大加強。

運用此發球時要儘可能發得短而不出臺，若發長球
時則要敢於發力，把旋轉發足，角度發開（即右大角與
中路），不要怕對方用拉回接，只有發足了旋轉，才能
限制對方的發力拉或使他拉球失誤。如對方用輕拉回
接，即要大膽搶攻。左手握拍的運動員用側身高拋發球

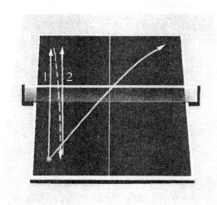

圖26

至對方右方斜線大角效果更好，球落臺後向右拐出，對方如不適應很容易漏接。

以上是直拍快攻打法的幾套主要的發球搶攻戰術，要求每個選手至少掌握兩套，一套為主，一套為輔，穿插運用。運用發搶戰術首先要求發球的旋轉變化要大，同時又要能根據對方站位來發出不同落點，調動對方，並要把旋轉和落點很好地結合起來。單一的旋轉或落點變化均不能取得良好的效果。

此外，要注意發球的速度，即出球要快，使對方來不及判斷。只有不斷提升發球的質量，才能創造更多的搶攻機會，但同時也要加強搶攻的意識，提升搶攻的能力，特別是要能搶攻對方回接過來的旋轉不強的上旋球。搶攻能力強了，反過來又能促進發球的作用。

### 2. 對　攻

對攻是快攻類打法相互對抗時，雙方利用速度、旋轉、落點變化和輕重力量來控制對方、力爭主動的一種重要手段。快攻打法的對攻戰術主要是發揮其快速多變的特點來調動對方，以達到攻擊對方的目的。

快攻對付弧圈為主的打法，其作戰方針主要是用速度、落點和輕重力量的變化迫使對方難以發揮旋轉的作用，拉不出高質量的弧圈球；而快攻對付快攻為主的打法，其作戰方針主要是用速度、力量和落點變化迫使對方難以發揮速度和力量的作用，從而陷於防守和被動的地位。快攻打法的各種具體對攻戰術主要是依靠左推右

攻或正、反手攻球結合變化落點和輕重力量來組成，常
用的有下列幾套：

（1）緊壓反手，結合變線，伺機搶攻（圖27）

快攻打法的特長常常比較集中在左半臺的技術上，
例如，反手推擋、反手攻球和側身攻球等，都是快攻打
法在比賽中得分制勝的重要技術。比賽時緊壓對方反
手，迫使對手把球回到自己的左方來，以利於充分發揮
自己左半臺的技術特長，是快攻打法最基本的對攻戰
術，也是以己之長攻彼之短的有效戰術。

如果對方左半臺反手技術較弱，運用這一戰術效果
更好。運用此戰術時，一般先用推擋（或反手攻）壓住
對方的反手，要求速度快、角度大或力量重，伺機側身
搶攻，如果對方勉強側身用正手將球拉起，可連壓反手
或快速變直線到對方右方空檔伺機側身搶攻，如果對方

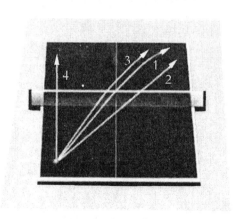

圖27

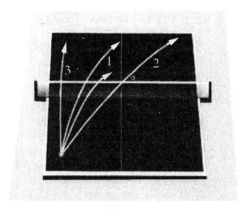

圖 28

採用側身搏殺，則可配合變線來牽制對方。

（2）調右壓左

調右壓左戰術見「乒乓球基本戰術」一節圖14（174頁）。

（3）加、減力量推壓中路及兩角，伺機搶攻（圖28）

這是對付兩面拉弧圈球打法的主要對攻戰術。可先用加力推擋或反手攻球壓住對方的反手或中路，迫使對方離臺回擊，再用減力擋或用推擠到其中路，或快推兩大角，以調動對方前、後、左、右奔走，然後快攻中路或兩角。但運用此戰術必須有加力推擋作基礎，方能迫使對方離臺，然後再用減力引其上臺，伺機發力搶攻。

（4）連壓中路或正手，伺機搶攻（圖29）

這是對付兩面攻或橫拍反手攻球較強的選手所採用

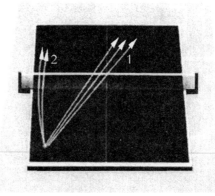

圖 29

的對攻戰術。因為這類選手往往是反手進攻技術好,正手較弱,中路更是致命的弱點。故可用推擋或反手攻球壓對方中路或正手,待對方攻勢較弱時,伺機用正手側身搶攻。對付橫拍快攻結合弧圈打法的選手,可視情況連壓中路或正手,或交叉進行。

(5)被動防禦和打回頭

在對攻中當對方主動變線襲擊自己的正手或中路時,應堅決用近臺正手快攻斜線或側身攻兩角,當對方主動攻擊我正手時,則可採用中臺打回頭的戰術。一般自己變直線至對方正手時,就要準備對方正手攻斜線,以便迅速打回頭,落點以打中路、直線為好。

如被對方調動離臺後,可採取正、反手遠臺對攻,落點宜打相反方向,反手如來不及對攻時,可用反拍削一板作過渡,然後伺機反攻。在被動情況下,還可以採

取放高球戰術來防守，但落點要至底線，並要隨時準備打回頭，變被動為主動。

以上幾套對攻戰術，在對付各種不同類型打法中，可以機動靈活地運用，切忌死板，尤其是變線不要形成有規律的一邊一下，那樣很容易被對方適應。變化落點必須要使對方捉摸不定，才易奏效。多變並不等於打一下變一下，有時連續幾下壓一個角，從某種意義上來說，這也包含著多變的意義。

### 3.拉攻

拉攻戰術是進攻類打法對付削球打法的主要戰術。快攻類的拉攻戰術主要是運用拉球的落點變化創造機會，進行突擊和扣殺，迫使對方後退防守，從而達到控制對方、贏得主動的目的。

拉攻戰術首先要求拉得穩，並有落點和輕重力量的變化，以便為突擊創造機會，有時還能直接得分。

拉攻的主要得分手段是突擊和扣殺，尤其是中等力量的突擊技術，體現了快攻打法的快速特點，經常會使對方措手不及而失分或回出高球。

快攻類的拉攻戰術主要有下列幾套：

**（1）拉反手後側身突擊斜線，然後扣殺中路或兩角**

這是打拉攻的基本戰術。側身攻斜線是直拍快攻類打法的特長線路，打這條線路便於發揮腰部力量，加之路線長，有利於提高命中率，當攻斜線取得機會後再殺

中路或正手,有時也可連殺反手。對付削球打法都是以這套戰術為基礎的。

（２）拉不同落點後突擊中路或直線,然後扣殺兩大角

中路防守是削球選手普遍的弱點,直線線路短,削球手也較難防守。因此,突擊中路、直線比較容易得分或使對方出高球。這套戰術難度雖大,但效果很好,對付水準高的削球選手,必須用此戰術才易攻破。

（３）拉對方中路左、右,伺機突擊兩角再殺空檔

這是對付以逼角為主或控制落點較好的削球選手所採用的戰術。用拉中路左、右可迫使對方忙於讓位削球,難以採取逼角或控制落點,然後突擊其兩角,待出機會球後再殺空檔。

（４）拉對方正手找機會突擊中路後連續扣殺兩角

當攻球手感到對方反手削球控制較好或自己不太適應時,可用拉正手或交替拉正手中間的戰術,以便從對方的正手找機會加力突擊後再連續扣殺。

（５）長短球和拉搓結合

穩削打法一般站位較遠,故運用長、短球戰術比較有利。先用拉球結合突擊,迫使對方退臺防守,然後用搓或短球引其上臺再突擊其中路,得機會球後進行連續扣殺。運用這套戰術時,切忌光吊短球而不突擊,或者

很有規律地運用拉一板，吊一板。這樣不僅難以取得主動，反而會使自己越吊越手軟，失去了主動進攻的能力，並給對方反攻的機會。

（6）攻中防禦

在運用拉攻戰術時，不可避免地會遇到對方的反攻，此時必須加強積極的防禦。當對方進行削中反攻時，應儘量採取推擋變線和正手打回頭來壓住對方的第一板攻球，使其不能連續進攻。對方兩邊能攻的可壓其中路，對方單面攻的可壓其兩角。如對付攻、守結合打法則要經常作好對攻的準備。

以上幾套拉攻戰術可根據自己的特長線路和對手的具體情況靈活運用。在實戰中，有時是幾套戰術交替在一起運用，有時則會專用其中一套，這些都要根據當時的具體情況而決定。

4. 搓 攻

搓攻是快攻類打法對付攻球和削球打法的輔助戰術。它主要是利用搓球的旋轉和落點的變化，為進攻創造機會，以達到攻擊對方的目的。

由於近年來弧圈球技術的不斷發展，對搓球的要求也相應提高了。搓球不僅要有旋轉和落點的變化，還要加上速度才能控制對方，使自己能搶先拉起或突擊。否則被對方搶先拉起，就會造成被動。

快攻打法的搓攻戰術，大致可分為對付攻球打法和對付削球打法兩套：

（1）快搓加轉短球為主，結合快搓轉與不轉長球至對方的反手或突然搓正手大角，伺機突擊或搶先拉起

這是對付攻球打法的搓攻戰術。先用快搓短球控制對方，如對方也回短球（此球旋轉不強），則可伺機運用正手或側身「快點」攻擊對方的中路或兩角（兩面攻選手可用正、反手兩面「快點」）。當對方站位緊靠球臺時，可結合轉與不轉長球至對方正手，伺機側身用中等力量突擊正手或中路。切忌連續多搓，應儘量搶先起板去力爭主動。如無突擊機會，可用快拉上旋球形成主動的對攻局面，避免被對方搶先起板後造成被動的對攻局面。此外，還有一些擅長推擋技術的選手，採用搓中轉推的戰術形成主動對攻的局面。

（2）快搓轉與不轉至不同落點，伺機突擊中路或兩角

這是對付削球打法的搓攻戰術。對攻勢較強的削球選手應以快搓短球為主，對穩削打法則可搓長、短結合，或搓加轉後再搓不轉，這樣易出機會。落點可多控制在對方進攻較弱的一方。突擊以打中路為主，配合兩角。

### 5. 接發球

接發球所採取的對策包括在前三板戰術運用的範圍，它對整個戰局能否獲得主動具有重要的作用。在攻對攻的比賽中，如果接發球處理得不好，那就會陷於被

動的地位。因此，接發球戰術必須樹立積極主動的思想，爭取搶先進攻或形成相持局面。快攻類打法應積極利用快速多變的各種手段去接發球，並儘可能與個人的打法特點密切結合起來，以便充分發揮自己的特長。

快攻類的接發球戰術主要有如下幾套：

（1）用拉球或推擋控制對方反手為主，配合突然變正手與中路

對付各種側旋、上旋或下旋不轉短球，下旋轉不轉長球，均可用正手或側身拉球和反手推擋回接（下旋強的不易推）。兩面攻選手在接發球時，可用正、反手拉球為主。遇到右方的近網短球，可配合用正手撇一板，落點以控制對方反手為主，配合突然拉、推對方正手及中路。回接時，要求儘量壓低弧線，拉球要有一定速度和旋轉，切忌慢慢托起。

快攻打法應力爭採取拉、推接發球，以便一來可以破掉對方的發搶戰術，二來可以形成主動的對攻局面，充分發揮自己快速的特點。

（2）用快搓短球為主結合快搓底線長球控制對方，然後力爭主動先拉或加力突擊

對付各種強烈側下旋及下旋短球或對方突然發的底線下旋球可用快搓回接，以搓短球至不同落點為主。當對方站位靠近球臺準備運用「快點」時，可突然配合快搓至反手底線長球或正手大角度，使對方無法搶先進攻，然後力爭在對搓中首先將球拉起或突擊，切忌連續

搓下去。採用此戰術可削弱對方的發搶威力，即使對方
勉強將球拉起，也不會再有很大的威脅。但在比賽中要
注意不宜連續運用搓接，尤其是接對方不轉球或側旋短
球時不宜用搓回接，否則容易造成被動。

（3）接發球搶攻

對付各種側旋，上旋或下旋不轉球，在位置比較好
的情況下可以大膽採用接發球搶攻戰術。

短球可用「快點」，長球可用快攻或中等力量的攻
擊，落點宜打中路和正手。兩面攻打法可發揮兩面搶攻
的特長。接發球搶攻的難度比拉、搓要大，但效果要
好。用拉、搓回接，尤其是用搓回接似乎要比搶攻回接
保險得多，但搓過去的球常有被攻的危險，而搶攻過去
的球則比較主動，從這個意義上來說，搶攻又是比較保
險的。在比賽時能否把接發球搶攻運用好，關鍵在於能
否抓好搶攻的時機。

為了克服搶攻的盲目性，加強判斷是十分重要的，
只有判斷清楚了，才可以大膽果斷地進行搶攻。

## （二）弧圈結合快攻類打法的戰術

弧圈類打法包括橫拍弧圈球打法和直拍弧圈球打
法。這類打法一般以拉弧圈球進攻為主，輔以一定的快
攻。

橫拍弧圈球結合快攻打法站位中臺，以弧圈球為主
要得分手段，用前衝弧圈球代替一般扣殺，既有強烈的

旋轉，又有較快的速度，充分發揮了旋轉的作用，同時也具有一般的快攻能力作為輔助手段。這類打法的作戰方針是以旋轉變化來控制和攻擊對方，無論是對付攻球打法還是對付守球打法，其主要戰術都是以弧圈球和扣殺來攻擊對方，並利用發球、搓球、快撥等手段為拉弧圈球和扣殺創造條件。這類打法可分為兩面拉和單面拉兩種，但從目前發展趨勢來看，一般都在向兩面拉的方向發展，這是攻擊力較強的打法之一。

直拍弧圈球結合快攻打法站位中、近臺，同橫拍弧圈球打法一樣，也以弧圈球進攻為主要得分手段。所不同的是反手用推擋球作為進攻的輔助手段。其作戰方針也是以旋轉變化來控制對方，並利用發球、搓球和推擋等手段為拉弧圈球和扣殺創造條件。離臺時，還可用反手攻球來過渡。

弧圈球結合快攻類打法的主要戰術大致分為發球搶攻、對攻、拉攻、搓攻和接發球五項。

### 1. 發球搶攻

弧圈球結合快攻類打法近年來在加強拉弧圈進攻的同時，也開始重視提升發球質量和搶攻（包括搶衝）的能力，把發球搶攻作為力爭主動進攻的主要戰術之一。

許多橫拍選手在吸取直拍快攻選手發球搶攻戰術的經驗同時，還結合自己打法上的特點，創造了一些有效的發球搶攻戰術，如發下蹲球和發不轉、側旋短球搶攻等，因而在主動進攻能力方面有了明顯的加強。這類打

法在發球後大都以拉弧圈球來爭取主動，而其發球往往
迫使對方以搓下旋球去回接，只要對方搓球出臺，搶拉
的命中率一般都比較高。弧圈球結合快攻類打法的發球
搶攻戰術主要有下列四套：

（1）反手發右側上、下旋短球至對方正手或
中路，結合發強烈側上、下旋長球至兩角後搶攻或
搶衝（圖30）

　　這是弧圈類選手普遍運用的一套發搶戰術。發短球
的目的是迫使對方用搓或輕拉回接，以利於搶攻。而當
對方站位靠近球臺準備搶先拉攻時，又配合發強烈側
上、下旋長球至底線兩角，使對方來不及後退發力拉
攻，並得到牽制對方站位的作用。這套反手發球在對付
削中反攻打法時，可發至對方正手、中路剛出臺處，配
合突然性的反手斜線急球後進行搶攻，效果較好。

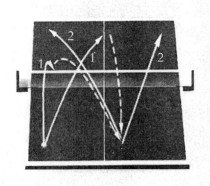

圖30

（2）正手發左、右側上、下旋球後搶攻或搶拉

　　正手發下蹲式的左、右側上、下旋球後進行搶攻搶拉。下蹲式發球是橫拍選手獨特的發球之一。它可以利用球拍正、反兩面來摩擦球，發出的球旋轉強，變化多，向左、右兩側偏拐，在關鍵時刻運用效果尤佳。運用這套發球要求能發強烈下旋（或側下旋）和側旋（或側上旋）兩種不同的旋轉變化，落點要左、右，長、短相結合，一般以發對方反手短球和正手長球為好，關鍵時刻尤以發至正手容易直接得分，發球後，要能迅速起立準備搶衝，這一點比發其他的球搶攻難度要大些。有些選手在比分關鍵時刻常以發下蹲側上旋球為主至對方正手位剛出臺處，此時對方往往不大敢發力拉攻，如用搓球或輕托回接，則正中其懷，兩面均可以搶衝。

（3）正手發轉與不轉直線短球後側身搶衝（圖 31）

　　一般先發加轉下旋短球至對方正手，迫使對方用搓回接，以便搶先拉起。如果對方輕輕拉起亦可反衝對方，然後發不轉球搶攻或搶拉。關鍵時刻可發不轉球進行搶攻。發球的落點可根據對方情況而定，對方正手快點差，可多發至正手，對方反手快點差或推擋差，則發至反手。

　　運用這套發搶戰術，如站在球臺右方發球，可兩面搶攻，比較主動；如站在球臺的左方發球，則以側身搶攻為主。直拍弧圈球選手一般以側身正手發球為主，以

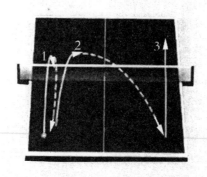

圖 31

　　便於發球後側身搶衝，發球落點以近網左、右配合並偶爾發長球至反手，使對方不敢靠近球臺去回接。

　　（4）正手發左、右側下旋至正手或反手後搶攻正手（圖 32、33）

　　2. 對　攻

　　　弧圈球結合快攻類打法的對攻戰術是利用弧圈球為主要進攻手段，配合速度和落點變化與對方展開陣地戰，力爭主動。弧圈球結合快攻類打法在對付快攻打法時，其作戰方針主要是運用強烈旋轉的特點配合速度變化來牽制對方，使其難以發揮快速的特長，從而達到攻擊對方的目的；而在對付弧圈球打法時，其作戰方針主要是搶先用強烈旋轉來壓住對方，迫使對方難以發揮旋轉與速度的作用，從而達到爭取主動的目的。橫拍弧圈球打法的各種具體戰術，主要是依靠正、反手拉弧圈球

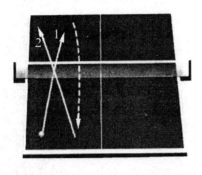

圖 32

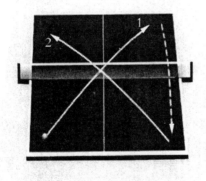

圖 33

和反手快攻、正手扣殺以及變化旋轉、落點和速度相結合；直拍弧圈球打法的各種具體戰術，主要是依靠正手拉弧圈球和反手推擋，正、反手攻球以及變化落點、速度和力量相結合。常用的對攻戰術有下列六套：

（1）用加轉弧圈球拉反手後伺機搶衝或搶攻
（圖 34）

這是弧圈球打法的基本戰術之一。橫拍弧圈型選手
主要用反手或側身拉加轉弧圈球至對方反手，然後用側
身或反手搶衝兩角。此戰術在前三板中搶先運用容易取
得主動。直拍弧圈型選手主要以正手單面拉為主，故在
側身搶拉對方反手時，要求具有一定的速度和力量，落
點的角度要大，否則容易被對方主動變線，反而造成自
己被動奔走的局面。

（2）從右方突破伺機搶攻和扣殺

近年來，弧圈型選手也越來越多地採用從對方正手
突破的戰術，特別是用來對付直拍快攻打法時。因對方
反手推擋接弧圈球能力一般都較強，右方接弧圈球則相
對較差，故從右方突破比較容易。近幾屆世界比賽，歐

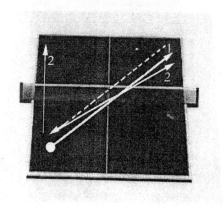

圖 34

洲一些弧圈球運動員在對付中國直拍選手時，經常配合運用此戰術：即先將對方調到正手位離臺後，再拉對方反手使其難以發揮近臺快攻的威力。

（３）拉中路左、右伺機衝、扣

當對方正、反手兩面回擊弧圈球能力強時，可拉速度略快的加轉弧圈球從對方中路追身突破，迫使對方在移動回擊中露出一方空檔，然後伺機襲擊。一般在運用拉中路追身戰術時往往同拉右方戰術結合起來。因為對方在左、右側身回接中路球時，右方容易露出空檔，而且正手回擊動作幅度也較大，易出機會。但若當對方已集中精力注意中路和右方時，採用突然拉快速前衝弧圈球襲擊其左大角，則效果亦會相當好。此戰術不論直、橫拍弧圈型選手均可採用。

（４）近臺快撥、快擋控制落點後伺機反拉或衝、扣

這是對付弧圈球打法的戰術之一。當對方搶先主動拉弧圈球時，橫拍弧圈型選手可用正、反兩面快撥落點變化，使對方不能發力衝、扣，當其拉出速度較慢、旋轉較弱的弧圈球時，則可伺機反拉回頭，變被動為主動。直拍弧圈型選手可用反手快擋和正手快帶變化落點，然後伺機反拉回頭。

此外，直、橫拍弧圈型選手對付弧圈球時均可採用正手減力擋或「推擠」落點至中路左、右，使對方來不及上前發力拉弧圈球而用輕托或推一板作過渡時，然後

乘機反衝回頭。但用此戰術要求反手推弧圈球具備較好的控制能力，減力擋或「推擠」時出手要快，弧線要低，否則反而給對方造成衝、扣的機會，同時還要具備熟練的反拉技術。

（5）中、遠臺對拉弧圈球

在相持中，對方如搶先拉出弧圈球時，可採用中、遠臺對拉弧圈球戰術，這是一種積極的防禦手段。孔令輝能在對方進攻時離臺用正、反手發力拉回頭，旋轉較強。如對方不能發力拉回，則可上前轉為主動拉、衝，如對方能發力拉回，則形成雙方對拉局面。

對拉中還可以配合運用側旋弧圈球，使對方不易發力拉回或拉球失誤。對拉如能主動變線，則更為主動。但拉直線球線路短，又要突然改變發力方向，難度較大。在確認自己拉球基本功不如對方時，就要主動變線。直拍弧圈型選手主要用單面側身拉球，在對拉戰術中要求步法移動要快，若來不及側身拉球時，可配合反手發力攻球過渡，金澤洙就常採用這種戰術。

（6）遠臺防禦

在對攻中一旦遭到對方進攻而被迫離臺時，應儘量利用旋轉球如輕拉加轉弧圈球、削球和放高球來進行防禦，以造成對方進攻失誤或削弱其進攻威力，這是處於被動局面時採取的一種遠臺防禦戰術，力爭從被動轉為主動。以正手直拍單面拉弧圈球為主的選手金澤洙，在對攻中常被對方調動至右大角而離臺較遠，對方再壓他

反手時，已來不及再用側身拉回，這時他就在走動中改用反手過渡一板，這是他在被動中經常採取的一種過渡手段。直拍弧圈型選手亦可採用反手反拍削球過渡戰術。以上是在離臺被動時反手位所採取的兩種過渡手段。此外，在被動中還可以採用放高球戰術。

放高球能使對方難以近臺發力衝、扣，並以此來消耗對方的體力，當對方打得精疲力盡時，就伺機反拉回頭，變被動為主動。但放高球終究是被動挨打的，遇到進攻能力強的選手，連放下去亦難免「一死」。因此在運用放高球戰術時，必須力爭找機會拉、打回頭進行反擊，以擺脫被動局面。

### 3. 拉 攻

弧圈球打法對削球類打法，主要是運用拉攻戰術，先用拉加轉弧圈球變化落點和旋轉，伺機拉前衝弧圈球或扣殺，配合用短球和搓球把對方引上球臺，然後再拉前衝弧圈球取勝。弧圈球結合快攻類打法的拉攻戰術主要有下列幾套：

### （1）拉兩角伺機前衝或扣殺

這是對付一般以削為主打法的常用戰術，比較穩健。先以加轉弧圈球拉對方兩大角，迫使其在走動中削出機會球，然後以加力前衝或扣殺。要求拉得穩，前衝和扣殺要有自己的特長線路（例如，以斜線為主配合直線或中路）作為主要得分手段。這套戰術，直、橫拍弧圈打法均可採用。

（2）拉中路為主，伺機前衝或扣殺兩大角

當遇到對方正、反手兩面削球控制較好時，應從其中路突破，用拉強烈加轉弧圈球或中等力量前衝弧圈球至對方中路，伺機衝、殺兩角。如對方後退側身讓位削球控制較好時，可再轉拉兩大角伺機衝、殺中路。如此反覆運用，這是對付高水準削球選手的一種較凶狠的拉攻戰術。運用此戰術要特別注意出機會後的連續衝、扣，不給對方以喘息之機。

（3）拉不同旋轉和長、短落點弧圈球後伺機衝、扣中路和反手

用相似的動作拉出不同旋轉的弧圈球來對付削球打法，這是我國直拍弧圈球打法創造的戰術之一。歐洲橫拍弧圈型選手則較多運用拉長、短落點的弧圈球，迫使對方在前後走動中回出機會球，而後進行衝、扣。

（4）拉一方，伺機發力前衝或扣殺

這是對付使用兩面不同性能球拍的削球打法所採用的拉攻戰術之一。當發現對手的某一方削弧圈球較差，或削球旋轉變化不大，或攻勢較弱時，可採用死拉一方，伺機衝、扣的戰術。

（5）拉、搓、長、短結合

這是對付穩削打法的有效戰術。當遇到對方遠臺防守比較穩健而不易攻破時，可配合採用拉、搓、長、短結合的戰術。先用拉球把對方逼至遠離球臺，再用快搓一板或放短球引對方上臺，然後加力衝對方中路或反

乒乓球打法與戰術

208

手，使對方來不及退守而失誤。運用此戰術的關鍵在於搓或放短球後要能接著運用快速的前衝球，同時要有連續扣殺方能奏效。

（6）攻中防禦

由於削球打法的攻勢日益加強，故攻中防禦戰術已成為進攻型打法的必備手段。尤其是在對付攻守結合打法時，要隨時作好對攻準備。弧圈球結合快攻類打法的防禦，反手主要靠推、撥控制落點，正手主要靠對拉或打回頭，目的是削弱對方連續進攻的威脅而轉為進攻。

因此，近臺防禦時，首先要壓低弧線，其次是控制好落點。對付反手攻球較好的應多壓其中路與右方，對付正手攻球較好的應多壓其兩大角。如被對方發力連攻時，可採用中、遠臺對拉、對攻或遠臺放高球後打回頭等積極防禦手段。

### 4. 搓　攻

弧圈球結合快攻類打法的搓攻戰術是利用搓球的旋轉和落點來控制對方，力爭搶先拉加轉或前衝弧圈球。由於從搓轉成拉弧圈的命中率較高，故在比賽中搓攻已成為弧圈球打法的一項重要進攻手段。但必須注意儘量避免連續搓球，搓後要力爭搶先拉起形成主動局面。搓攻戰術可分為兩大套，一套對付攻球、一套對付削球。

（1）擺短結合搓加轉底線兩角長球後伺機拉加轉和前衝弧圈球

這是對付攻球打法的搓攻戰術。橫板弧圈型選手以

搓加轉為主，使對方不能起板突擊或拉前衝弧圈球，落點以搓近網短球和底線長球相結合。一般先搓短球控制對方，然後搶先用正、反手兩面拉加轉弧圈球，伺機衝、扣或直接拉前衝球。當對方站位靠近球臺時，可結合搓加轉長球到對方反手大角，有時配合搓正手大角，使對方不能發力拉攻，如對方輕拉或搓回，則都是很好的衝、扣機會。直拍弧圈型選手以快搓加轉短球為主，儘量控制對方不能發力拉攻，然後用正手或側身拉前衝或加轉弧圈球，同時也配合突然搓底線兩角長球調動對方，伺機搶衝。

（2）以搓對方反手、中路為主，結合搓正手短球，伺機拉加轉和前衝弧圈球

這是對付削球打法的搓攻戰術。遇到反手攻勢較弱的選手可以搓對方反手為主、伺機拉前衝或加轉弧圈球，當對方企圖用側身搶攻時，則可配合搓正手短球牽制對方，伺機先拉。遇到反手攻能力較強的選手，應以搓中路為主，如對方側身則配合搓兩大角，這樣既可將對方引近臺前，又控制了對方的攻勢，然後伺機拉快速前衝球到中路，可直接得分，或拉加轉弧圈球後轉為拉攻。對付攻勢較強的削球選手，應以搓正手近臺短球為主，結合搓長球至兩大角，落點控制要嚴密些，搓後力爭搶先拉起轉為拉攻比較主動。

### 5. 接發球

在與快攻類打法的較量中，弧圈類打法在接發球方

面曾吃過不少虧。從日本創立的直拍弧圈球打法到歐洲
興起的橫拍弧圈球打法都曾因在接發球上處理不好，而
陷入被動挨打的局面。因此，近年來歐洲的弧圈球選手
都在下功夫鑽研接發球戰術問題。在他們的接發球技術
中，充分發揮了其旋轉的特長，運用拉弧圈、搓加轉控
制落點和撇側旋等手段，儘量避免接發球後形成被動局
面，力爭打成相持或主動局面。

接發球戰術主要有下列幾套：

（1）以拉加轉弧圈球至對方反手為主，形成
主動拉、衝的局面

這是對付各種出臺長球所採用的主要方法。橫拍弧
圈型選手由於正、反手均能拉弧圈球，故在接發球方面
更為主動些，尤其是對付對方側身發的高拋斜線球，正
好用反手搶先拉起，形成相持甚至主動局面，破了對方
的發搶戰術。直拍弧圈型選手運用此戰術不如橫拍有利
，原因是只能單面側身搶拉，但如步法移動較快，則大
多數出臺球仍可搶先拉起。

運用這套接發球戰術的主要條件：一是要判斷好對
方的發球旋轉變化，以確定拉球的發力方向；二是要步
法移動快，以便能及時到位拉起。

（2）反手快撥或快推控制落點形成相持局面

對付各種側上旋及下旋較弱的反手位來球，可用快
撥或快推（包括推擠下旋）至兩大角，使對方不能發力
拉、衝，形成相持局面。

戰術篇

211

（3）以擺短為主，結合搓兩角長球，或用撇一板側下旋球至對方反手大角

這是直、橫拍弧圈球選手對付各種下旋、側下旋加轉短球的回接方法。用擺短使對方難以發力進攻，同時配合突然搓加轉長球至兩角，搓後力爭搶先上手。在回接正手及靠近中路的短球時，還可配合用正手撇一板側下旋球至對方左大角，使對方難以側身搶拉，然後搶先拉起。運用這套接發球戰術要注意避免連續搓，搓只是為了控制對方，為搶先上手製造機會。

（4）接發球搶攻或搶衝

這是對付各種側旋、上旋或下旋較弱的發球所採取的凶狠的回接方法。回接短球，橫拍弧圈型選手可用正、反手「快點」回擊，直拍弧圈型選手則可用正手側身「快點」回擊，接長球橫拍可用正、反手拉前衝弧圈球，直拍則可用正手側身搶衝。

搶拉和搶衝的落點以中路和右方較好。運用此戰術的關鍵在於判斷對方發球旋轉要快，出手果斷，切忌猶豫不決，並要注意連續攻。運用接發球搶攻既要避免盲目性，也要防止過分小心謹慎，失掉時機。

以上四套接發球戰術應結合起來靈活運用，根據對方發球情況，採取多樣化的接法，使對方不易適應，這樣才能破壞對方的發搶戰術。

## （三）快攻結合弧圈類打法的戰術

　　快攻結合弧圈類打法包括橫拍快攻結合弧圈和直拍快攻結合弧圈兩種。這兩種打法都是在原有快攻特點的基礎上吸取了弧圈球的技術而發展起來的。

　　近幾年來，我國橫拍運動員在努力提升快攻技術的同時，也認真研究和學習歐洲選手的長處，正在逐步形成具有中國特點的快攻結合弧圈球打法。

　　橫拍快攻結合弧圈球打法，站位中、近臺，反手以快攻為主，正手能拉能扣，有的以拉前衝弧圈球為主，有的則以快攻為主，特點是快速。弧圈球是用以進攻的一項重要技術，並在被動時用來相持、過渡、伺機反擊，充分發揮了速度與旋轉的作用。

　　直拍快攻結合弧圈球的打法是中國直拍快攻選手吸取了日本的弧圈球技術而逐步形成的。這種打法使用反膠球拍，把速度和旋轉結合在一起，相輔相成，但仍以快為主，旋轉不僅促進了快，其本身也是得分的重要手段，因而「快、轉、準、狠、變」是它的技術風格。

　　但目前有許多使用反膠的直拍選手，他們在打法上往往容易出現兩種傾向：一種是用了反膠後正手只會拉弧圈球，而丟掉了近臺快攻技術，有的甚至連反手推擋也退化了，最後變成弧圈類打法；另一種是用了反膠後卻不去充分發揮弧圈球技術的作用，甚至有的還不善於拉弧圈球，依然是原來正膠快攻的模樣，這就失去了使

用反膠的意義。以上兩種傾向都不符合快攻結合弧圈打法的要求。當然，這一打法今後還需要在訓練和比賽中不斷地去實踐和總結經驗。

快攻結合弧圈類打法的主要戰術亦可分為五項，其中有些戰術運用方法同上面介紹的快攻類和弧圈類的戰術運用方法基本相同，為避免重複起見，在此摘要加以介紹。

### 1. 發球搶攻

快攻結合弧圈類打法的發搶戰術與弧圈球結合快攻類打法的發搶戰術基本相同，主要有下列四套：

（1）反手發右側上旋短球至對方正手或中路，結合發強烈側上、下旋兩角長球後搶攻或搶衝

這套發搶戰術的運用方法與弧圈球打法基本相同。但在搶攻方面，橫拍快攻結合弧圈球打法還可發揮其反手攻球的特長，尤其是一部分反手使用生膠海綿的選手，反手攻球速度較快，利用發球後反手突擊起板往往能直接得分。這種打法還可以利用反手生膠球拍配合反手發急下旋球至對方反手或中路後，主動用反手發力攻先壓對方取得主動。

（2）正手或側身發轉與不轉斜線短球後搶攻或搶衝（圖 35）

這是快攻結合弧圈類打法比較擅長的一套發搶戰術。以正手發轉與不轉短球至對方反手和中路為主，配合發反手長球，伺機搶衝兩角。運用這套發球成功的秘

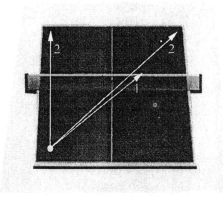

圖 35

　　訣在於，發不轉球與發轉球的動作很相似，使對方判斷
不清而回出高球，甚至造成接球失誤。

　　（3）正手發下蹲式左、右側上、下旋後搶攻
或拉衝

　　這是橫拍選手使用的一套發搶戰術，運用方法與橫
拍弧圈型打法基本相同。

　　（4）側身或正手發左側上、下旋短球後伺機
側身搶攻或搶衝

　　運用方法與弧圈型打法基本相同。具有反手突擊起
板能力的選手，還可以站在正手位發左側上、下旋短球
後用正、反手起板搶攻，特別是反手搶攻速度快，可攻
其不備，使對方難以提防。

　　2.攻　球

　　快攻結合弧圈類打法的對攻戰術以發揮速度為主，

旋轉為輔，結合落點變化和輕重力量，用以控制對方，贏得主動。這種打法在對付以快攻為主的打法時，其作戰方針是以快壓快，以轉制快；對付弧圈球為主的打法時，其作戰方針是以快破轉，以轉制轉。

横板快攻結合弧圈打法的各種具體戰術主要是依靠正、反手快攻，正手拉弧圈結合扣殺，以及變化落點和速度來組成，直拍快攻結合弧圈打法的各種具體戰術主要是依靠反手推擋，正手拉弧圈球結合快攻，以及變化落點和輕重力量來組成。常用的對攻戰術有下列幾套，與快攻打法的對攻戰術比較接近。

（1）連壓反手，突變正手，伺機搶攻或搶衝（圖36）

這是快攻結合弧圈類打法在對攻中最常用的戰術。横拍快弧打法先用反手快撥連壓對方反手再變線，然後

乒乓球打法與戰術

216

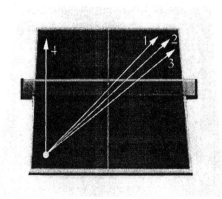

圖36

用正手或側身搶攻或搶衝。有些反手攻球力量較大的選手，常會用反手發力攻對方兩角的戰術。直拍快弧選手先用反手加力推擋壓住對方反手再變線，然後正手或側身搶攻或搶衝。

（2）壓兩角，變中路，伺機搶攻或搶衝（圖37）

當對方左右擺速較快忙於應付兩角來球時，便可用反手快撥或快推突然變其中路找機會搶攻或搶衝，對方準備側身回擊時，再壓其兩角或空檔，如此交替變化，調動對方左右移動而漏出機會。

直拍快弧選手在對付兩面攻或兩面擺速較快的左推右攻選手時，也採用此戰術。目的是迫使對方在移動中出現漏洞，乘機進攻。

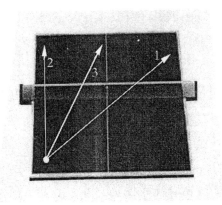

圖37

（3）加、減力推壓對方中路及兩角，伺機搶攻或搶衝

此戰術應用方法與快攻打法基本相同。目的是調動對方前後左右奔走，然後伺機進攻。橫拍快弧選手在對付兩面拉弧圈球打法的選手時，也經常採用此戰術。當對方主動拉弧圈球時，可先用快撥兩角與其相持，再突然用反手減力擋至對方中路左右，對方托起時再用正、反手加力進攻或反衝。

（4）正手打回頭和中臺對拉過渡

這是在相持中採取後發制人的一種戰術手段。當發現自己反手與對方反手相持不利時，就可採取主動變對方正手，迫使對方與自己正手較量。運用此戰術必須具備過硬的正手拉攻技術，出手要快，否則弄巧成拙，反而變成被動防禦。

直拍快弧選手如果正手對拉技術強，也可採用此戰術。此外，在相持中當對方發力變線或偷襲自己正手空檔時，直、橫拍快弧選手均可採用中臺拉弧圈球過渡一板的戰術。因為此球來得很快，用快攻回接已來不及，用擋球又易漏擊或出高球，而用後退半步拉弧圈回接比較穩健，如落點控制得好，則能轉被動為主動。這是一種比較積極的過渡手段。

（5）遠臺防禦

快弧打法的遠臺防禦技術與快攻打法基本相同，不僅可以採用正、反手對攻，反手削一板以及放高球等方

法，有時還可以採用正手對拉弧圈球，但要求落點要拉得開，拉後要迅速轉為近臺，否則被對方壓住反手就很被動了。

### 3. 拉　攻

由於快弧類打法的拉攻戰術與弧快類打法的拉攻戰術基本相同，大多透過正手拉弧圈球創造機會，然後發力衝、扣，故在此不再重複介紹各種拉攻戰術的具體運用方法，請讀者參看弧圈結合快攻類打法戰術中的拉攻。

這裡著重介紹一下橫拍快弧打法中一些反手使用生膠球拍並擅長反手突擊起板的選手，例如，鄧亞萍在對付削球打法中所採用的搓、拉突擊戰術的運用方法。

搓、拉突擊戰術就是把搓和拉結合起來，伺機突擊後連續衝、扣。此戰術可把對方引至臺前，然後主要用反手突擊起板攻對方的中路，使對方措手不及，出機會後再用正手連續衝，扣。亦可配合用正手快衝對方中路後連續衝、扣。此戰術要求反手具備較強的攻下旋球的能力，搓球落點要儘量控制對方，使對方搓回旋轉較弱的球，以利於反手起板。

如搓球找不到機會時，可先拉一板調動對方。但運用這種戰術必須隨時準備對方反擊。當對方反攻或拉弧圈球時，應以正、反手快擋截回，使對方難以連續進攻而被迫再後退削球。此時，如能抓住這一戰機立即進行正、反突擊或正手快衝，則多半能取得成功。

### 4. 搓　攻

快攻結合弧圈類打法的搓攻戰術與弧圈球結合快攻打法的搓攻戰術基本相似，主要是藉由搓球控制對方，力爭搶先拉弧圈球以形成主動進攻的局面。搓攻的具體運用方法，可參看弧圈球結合快攻類打法戰術中的搓攻。這裡僅補充介紹兩點：

（1）橫拍快弧打法的搓攻戰術除在搓中力爭搶先拉弧圈球外，還應充分利用反手突擊起板的特點。一般以搓短球至對方中路靠右結合大角長球，搓後用反手突擊斜、直線（對付削球打法可以突擊中路）。此球速度快、突然性強，常能攻其不備而直接得分。

（2）直拍快弧打法的搓攻戰術，應儘量多用搓中拉前衝弧圈球，以發揮快速的特點。要力求避免運用側身拉慢的加轉弧圈球，以免在遇到對方用快撥控制兩大角時，很容易陷於被動。

### 5. 接發球

快攻結合弧圈類的接發球戰術可分為：用拉回接；用推、撥回接；用搓回接；用搶攻搶衝回接。其運用方法與弧圈結合快攻類打法的接發球基本相同。可參看弧圈結合快攻類戰術中的接發球。這裡再補充介紹兩點：

（1）橫拍快弧打法中具有反手突擊起板能力者應充分發揮反手起板的特點。遇到對方發過來反手位的側上、下旋球和一般下旋較弱的球時，應積極採用反手中等力量突擊去回接，其落點以打中路右方最佳。這種回

接方法速度快，有突然性，不僅能破掉對方的發搶戰術，有時還可以直接得分或創造出機會後連續進攻。

（2）直拍快弧打法除應採用以拉回接為主的戰術外，還應儘量發揮反手推擋的特點。

反手位對付各種側上旋或側下旋較弱的來球時，均可採用反手快推或推擠去回接，落點應以對方反手為主，結合變線。這樣可以儘量減少用搓球回接或勉強用側身拉球回接而陷入被動。此外，用側身拉弧圈球回接時應以快拉前衝球為主，儘量少用加轉弧圈球。

## （四）削球和削攻類打法的戰術

削球打法是歐洲的傳統打法，50 年代以前曾佔據世界乒壇的統治地位。後來由於進攻類打法的出現，促使削球打法必須加強反攻能力，因而削球打法就發展為現在的削中反攻打法。橫拍削球打法中又分為反膠削球和兩面不同性能球拍削球。

弧圈球技術的飛躍發展，給削球打法提出了更高的要求，也使削球打法從中得到了啟示，這就是必須在旋轉變化上有所創新、有所前進。這也是削球今後能否繼續生存的關鍵問題。經過不斷的努力和實踐，削球打法在旋轉變化上又有了新的發展，出現了利用兩面不同性能球拍（一面反膠、一面長膠）來加強旋轉變化的新型削球打法。這是發展旋轉變化的一次飛躍。由實踐使削球打法進一步明確了旋轉變化的重要性。

原來提出的這類打法的技術風格「穩、低、轉、變、攻」，經過幾年的實踐檢驗後把其中的「轉」字改放在第一位，同快攻類技術風格「快、準、狠、變，轉」的「快」字具有同等重要意義，成為「轉、穩、低、變、攻」。「轉」是爭取主動的關鍵，它同「穩、低、變、攻」構成一個整體，互相促進，相輔相成。

削球和削攻類打法的主要戰術有：發球搶攻，削球結合反攻，擋、功、削結合，搓攻和接發球五項。

### 1.發球搶攻

這是削球和削攻類打法的主要戰術。主要利用旋轉多變的發球來直接得分或創造機會搶攻，此外，還同時運用發球搶攻控制，即在發球後用變化旋轉的搓球控制落點，使對方擊球失誤或出高球，進行發球後的第二次搶攻。其主要發搶戰術有以下幾套：

（1）反手發右側上、下旋短球為主，配合發長球和急球後搶攻

這是反膠削球選手常採用的發搶戰術。一般在發短球後利用正、反手兩面搶攻，發長球後則以側身搶拉為主。以搶攻中路為主配合兩角。

發底線長球時要求把側旋發足，爭取直接得分。但同時也要作好防守準備。對方用搓接或輕托拉回時，可伺機搶攻，對方發力拉接時，則可用削球控制旋轉落點，伺機進行第二次搶攻。

在運用側上、下旋球的同時，可配合突然發一個斜

線急球進行搶攻，此球速度快，既可使對方不及防備，又可牽制對方的站位，使其不敢靠近球臺，然後再發短球就更為有效。

（2）反手發轉與不轉長、短下旋球後側身搶攻或搶衝

這是使用兩面不同性能球拍選手採用的主要發搶戰術之一。可交替使用兩面球拍發出轉與不轉長、短落點的球，以發對方正手短球、反手長球比較有效，關鍵時刻亦可大膽發不轉出臺球至對方正手，如對方輕拉便可搶攻。運用這套發球一般發不轉球後搶攻或搶衝，有時也可發加轉球後搶衝，有時則主動在發球後用長膠快搓控制兩角（用以打亂對方接發球後馬上有準備地後退防守）。

（3）正手發轉與不轉下旋短球至對方正手或剛出臺處，然後搶攻或搶衝其中路反手

這是削球手和削攻打法普遍採用的發搶戰術。反膠削球選手可用正手相似動作發轉與不轉短至對方正手後，用正手搶拉或反手搶衝中路或反手；兩面不同球拍選手可先用反膠發加轉球，然後用長膠發不轉球，再以相似動作用反膠發不轉球，用多種不轉的發球迷惑對方，出機會後用正手搶衝或反手搶攻。

除了發球後直接搶攻外，還可以用反膠發加轉下旋短球後配合反手用長膠搓兩大角，以便進行第二次搶攻。

### 2.削球結合反攻

削球結合反攻是削攻類打法的主要戰術，是削球類打法的輔助戰術。它用削球變化旋轉和落點，迫使對方在走動中回擊失誤或接出機會球，再伺機進行反攻。

運用削球結合反攻戰術的基礎是削球，首先要求削球具備能與對方拉攻形成相持或主動的局面，能為進攻創造條件，同時還要求具備走動中的進攻能力，以便不失時機地進行反攻。把削球和攻球有機地結合起來，配套成龍，便是削球結合反攻的各種具體戰術，常用的有如下幾套：

（1）加轉削球至對方左方為主，配合送不轉至右方後反攻

這是削球打法常用的基本戰術。用削加轉球控制對方左角，使其不能加力起板或拉前衝球，並便於自己防守，然後伺機用反手或正手（反膠）送不轉球至對手右方，如對方輕輕吊起，即可上前用正手或側身攻。送不轉球時要求壓低弧線，大膽向前發力，把球儘量送長些，使對方不易加力扣殺。

（2）連削對方正手再變反手，逼對方搓後反攻

這是對付擅長側身拉攻打法凶狠的對手的一套戰術，對付左手握拍的選手也比較有效。運用時先連削對方正手大角度，迫使對方站位居中用正手拉攻，然後突然變削對方反手，迫使對方用搓球回接，再上前用反手反攻或正手拉弧圈球。如位置不好亦可再用搓球繼續控

制對方後再伺機反攻。此戰術的目的是逼對方打搓攻，以便發揮自己搓球旋轉變化和近臺反攻的威力。

它要求削球控制從右變左時角度變化要大，這樣才能逼對方用搓回接，如對方勉強側身拉起，那也是很好反攻的機會。因此，要掌握好正手削直線球和反手削直線球（對付左手握拍）。

（3）連削加轉球控制不同落點，伺機削不轉球反攻

這是近年來削球打法對付弧圈打法的主要戰術之一，削攻打法在退守時也常用此戰術進行反攻。連削加轉球既能提高削弧圈球的穩健性，又能使對方不易衝、扣，當對方拚命往上發力拉時，再突然削出不轉球，這往往能使對方拉失或吊出高球，便於自己上前反攻得分。削弧圈球時要求能連續加轉，並在連續加轉後能削出不轉球。即使在對方拉出快速前衝球時，也能連續加轉，從而保證自己的主動局面。用削不轉球後進行反攻要求大膽，尤其是在關鍵時刻敢於運用。

使用兩面不同性能球拍的選手可先用長膠一面削加轉控制落點，使對方不能連衝，然後突然用反膠一面削不轉球伺機反攻。

（4）接短球用正、反手反攻或用快搓轉與不轉控制兩角後反攻（對付長、短球的戰術）

當對方採用拉搓或長、短球戰術時，若來球較高，可直接上前用正、反手反攻。運用此戰術關鍵在於步法

敏捷和反手攻球好。若對方短球控制較低時，可採用反膠快搓加轉至對方反手後側身搶攻。上前快搓時要利用身體向前的衝力和手腕力量來加轉，力求動作輕鬆，使對方不易覺察，或用倒拍以長膠一面快搓轉與不轉至對方兩角後搶攻或搶衝。要求控制球的飛行弧線要低，以防被攻。

（5）以穩削變化旋轉和落點為主，適當配合反攻（圖38、39）

這是以削為主打法所採用的拚實力的戰術。當本身具有較強的削球實力而進攻又無把握時，可採用穩削為主的戰術，遇有較好機會再配合反攻。對方如採用凶狠戰術，可以加強削球的旋轉變化，誘使對方衝、扣失誤，同時要接好各種扣殺球。對方如採用穩拉戰術，則以穩對穩，壓低削球弧線，不給對方以可乘之機，適當

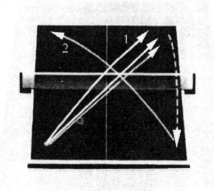

圖38　緊盯左角反攻右角

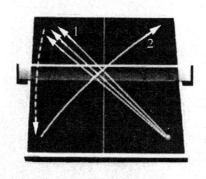

圖39　緊盯右角反攻左角

配合打旋轉變化球後伺機反攻，以擾亂對方，在這種情況下，需要具備頑強的意志品質。

3.擋、攻、削結合

擋、攻、削兼施是削球類打法的主體戰術，同時也是削攻類打法的一種輔助戰術。擋、攻、削結合主要是用近臺推擋和拱球變化落點，伺機進攻，適當配合用削球過渡，伺機反攻。實際上就是用多種手段擾亂對方，以達到進攻的目的。具體戰術有下列幾套：

（1）用推擋或拱球先壓對方反手，結合變線伺機進攻

先以推擋壓對方反手，對方側身拉攻則結合變線，由於長膠球拍推擋略帶下旋，對方有時改用搓球回接，這時便可轉用反手拱球至對方兩大角，伺機進攻。如在變線時對方發力拉我正手，除用快擋回直線外，還可以

配合用削直線控制對方伺機進攻。運用此戰術時，要求推擋角度要大，由搓變拱要敢於發力，使球具有較快的速度，以便為進攻創造機會，或者直接得分。

（2）連續削球逼對方一點，突然用近臺推擋變線後進攻

這是削攻類打法採用的擾亂戰術之一，也是削球類打法從遠臺轉至近臺的手段之一。

此戰術可分為兩種形式：一種是以削球連逼對方反手後突然上臺用推擋或快撥變對方正手，對方被動拉起即反攻對方反手，迫使對方改變穩拉戰術；另一種是以削球連逼對方正手後突然上臺用擋球變對方反手，迫對方用搓回接，然後側身搶攻對方正手或中路，此戰術對付左手握拍選手尤為有效，它可以削弱對方側身拉攻的威力。

（3）對攻中用減力擋或擋、削結合伺機反攻

這是削攻打法在連續進攻遇到對方對攻時所採用的應變戰術。如對方離臺對攻，可用減力擋一板引對方上臺回接後再加力進攻，如對方對攻凶狠，亦可改削一板控制落點，然後再轉為近臺擋攻。這是在形成對攻局面後的戰術變化，用突然改變球的節奏和旋轉來為進攻創造機會。

（4）拉、搓、拱結合，伺機突擊或前衝

這是對付以削為主打法採取的比較主動的進攻戰術。橫拍打法主要採取拉、搓結合戰術，先用拉弧圈球

迫使對方退後削球，然後用搓或吊短球引對方上前再拉前衝球得分。如對方接短球控制較好，則再轉拉球或拱球（反手長膠）找機會衝、扣，如此反覆運用。

直拍打法主要採取拉、拱、吊結合戰術，先用正手拉、反手拱對方反手為主，輕、重力量結合，然後伺機突擊中路和反手為主，配合用吊短球引對方上臺，出機會後突擊中路或正手。如無機會，則再用拱球找機會突擊，如此反覆運用。

### 4.搓　攻

削球和削攻類打法的搓攻戰術與其他打法的搓攻戰術基本相似，可參考其他打法的搓攻戰術。

### 5.接發球

削球類和削攻類打法的接發球戰術，應充分利用搓球和削球的旋轉、落點變化來控制對方的搶攻，力求形成相持或主動的局面，適當配合伺機搶攻或搶拉。但要把接發球處理好，必須做到判斷準確，回擊果斷，切忌猶豫不決，盲目亂來，否則就容易造成連續失誤，反而亂了自己。接發球戰術具體有以下幾套：

（1）用加轉搓球或削球至對方近網處反手大角，配合送轉不轉長球至對方正手

這是削球打法的基本接法，目的是使對方不能發力搶衝或扣殺。如對方拉加轉弧圈球，則形成相持局面，如對方採用搓球或輕拉，則可主動控制對方或進行反攻。

（2）用快搓或拱球控制對方兩角，配合用正手拉或撇一板至對方反手

這是使用兩面不同性能球拍選手對付下旋和側下旋發球所採用的戰術。對反手位來的球可用兩面倒拍快搓對方兩角，使對方判斷不清或位置不好而難以發力拉攻，然後伺機進行反擊；對正手位來的長球可用正手拉弧圈球，短球可用快搓或撇一板側下旋球至對方反手。

（3）用擋球或快撥斜、直線後伺機進攻或退削

這是對付對方發過來的急球或側上旋長球的回接方法。使用反膠球拍者可以用正、反手快撥斜、直線後伺機進攻，如對方用快攻或拉回頭則可視情況退用削球控制落點。使用長膠球拍者可用快擋至對方兩角，配合減力擋短球至對方正手，然後伺機再用拱球或進攻。

（4）接發球搶攻

當對方發側上旋或不轉球時，可適當結合運用接發球搶攻戰術，用正、反手中等力量快攻或快拉前衝至對方中路為主，此戰術如運用得好，往往能直接得分。削攻打法由於進攻能力較強些，故可以適當增加接發球搶攻戰術運用的比例。接發球搶攻要求迅速判斷清楚來球的旋轉性能並果斷出擊，如具備較好的反手攻球技術，則對接發球搶攻戰術的運用就更有利。

以上幾套接發球戰術可以在比賽中交替運用，使對方不易掌握回球的規律，因而也就難以發揮其搶攻的威力。但是，運用多種接發球，必須有計劃地根據各種發

球性能來決定各種接法，在多變中求不變，以免造成自己的混亂。

此外，「輪換發球法」也是削球打法中常用的一種特殊戰術。實行「輪換發球法」時，首先要抓住接發球這一分，應以削球變化旋轉、落點為主來調動對方，同時守住對方的進攻。要有足夠的信心拿下這一分，因為對方正是無法以攻取勝才磨到規定時間，故必須守得住。但在本身攻球有把握的情況下，也可以適當配合搶攻或拉弧圈球，以攻其不備。

使用長膠球拍的選手，還可以配合運用比較穩健的拉、拱球來擾亂對方的進攻計劃。接發球一分如能抓住，則發球一分可以大膽而放鬆地去進攻。首先利用發球搶攻戰術，其次是搓攻。要儘量發揮自己的特長進攻手段，以突然加力攻球和拉快速前衝球為主，力求一板打「死」。形成拉攻時，可多運用長、短球引對方上臺後突擊或拉前衝球。「輪換發球法」的實行，要求以削為主打法的選手必須提高進攻能力，否則遇到對方也是以削為主的打法時，如果自己發球的一輪得不了分，那就很難取得全局的勝利。

## 四、針對性戰術的運用

乒乓球運動有各種不同類型的打法，各種類型打法的運動員在比賽中戰術的運用是不同的，而針對性戰術

是指一種打法針對另一種打法所特有的、並且是非常有效的戰術。

下面介紹幾種主要的針對性戰術：

## （一）快攻類打法對快攻或弧圈類打法的主要戰術

1. 發球搶攻的戰術運用。發球者以發側上、下旋或轉與不轉的近網短球為主，配合發長球至對方的右大角和中線稍偏右處進行搶攻。搶攻者必須根據回球的落點、長短及旋轉進行搶攻，用力大小要根據回球來加以調節，要求搶得快、落點活，如能向對方的空檔發動攻勢效果更好。

2. 接發球搶攻的戰術運用。首先對發來的球要判斷清楚，以快點為主，或用快拉去回擊，要求速度快、落點活，主要攻擊對方空檔。當不能用快點時，可以快搓一板過渡，但要注意控制好落點，使對手不容易搶攻，然後再伺機進行突擊。

3. 連續進攻對方一點，把對手調到某一角上，然後再攻相反方向。有時也可專攻對方不同的空檔，把對方站位打亂，為扣殺創造機會。

4. 專門攻追身球，使回擊者必須迅速讓位，造成其困難或被動，伺機進行扣殺。

5. 當對方技術水準比較高，攻勢比較強，特別是正、反手均能進攻或拉出強烈上旋球時，那就必須從中

路進行突破，或先擺短，然後再伺機搶先突擊去力爭主動，切不可防禦過多，以免造成被動。

6.搓球必須注意控制好落點，並主動打轉與不轉，爭取搶先突擊，要求速度快、落點活，能突擊對方的空檔或中間靠右處。

## （二）弧圈類打法對快攻類打法的主要戰術

1.發球搶拉的戰術運用。發球者以發下旋或側下旋不出臺的短球為主，迫使對手以搓球回接，然後伺機拉弧圈球到對方的左角或空檔。

2.接發球搶拉的戰術運用。如自己中臺對攻的能力較強，可多用拉或撇（滑拍）的方法去接發球，主動與對手展開對攻，如自己的對攻能力較弱，則可多用擺短，然後再伺機拉弧圈球去爭取主動。

3.打對攻時，可多拉弧圈球到對手的反手找機會，再突然拉、衝對方的空檔。

4.專門把弧圈球拉到對手的中路左大角或右大角處，有時也能起較大的作用。

5.對攻中，遇到被迫離臺後退時，可用放高球作防禦，再伺機進行反擊。

## （三）以攻為主對以削攻結合的主要戰術

1.以拉球找機會進行突擊和連續扣殺，可先拉一點，然後突擊或扣殺相反方向，或拉和突擊對方不同的

戰術篇

233

空檔，迫使對方左右奔走，再伺機扣殺。

2. 運用長短球戰術找機會，然後伺機進行突擊。還可運用連續拉對方一點或不同落點迫使對手後退進行防禦，再突然放短球，伺機攻或衝追身和攻兩大角。

4. 在拉球中配合用搓球來改變回球旋轉性能與落點長短，使對方前後走動，再伺機進行突擊。也可拉前衝或再攻長球迫使對方在前後走動中漏出空檔，然後扣殺。

5. 發球搶攻的戰術運用。攻對削時，發球搶攻戰術雖不如攻對攻那麼重要，但若能採取突然襲擊的方法，也會收到很好的效果。例如在連發短球後，突然發急長球進行搶攻；先連發下旋球，再突然發不轉球進行搶攻；在連發長球後，突然發短球進行搶攻等。它們都能輔助拉攻得到擾亂對方守勢的作用。

## （四）削攻結合對以攻為主的主要戰術

1. 以削球連續削對方一點，把對方調到同一位置上，然後伺機進攻對方空檔，或採用交叉削球到對方不同的空檔，使對手不斷地向左、右移動，再伺機反攻對方空檔或近身。

2. 以削球先連續逼對方的左角（或右角）一點後，再突然送對方的右角（或左角），伺機進行反攻。

3. 發球搶攻的戰術運用，以發近網轉與不轉短球為主，配合突然性急球擾亂對手，伺機進行搶攻。

4.運用突然性的接發球搶攻，常會打亂對方的作戰計劃，並對增強削球的主動性具有很好的作用。

## （五）削攻結合對削攻結合的主要戰術

1.首先在戰術指導思想上應改變過去常用的那種「死磨」戰術，要像攻球那樣較多地採用拉中找機會進行突擊和連續進攻的方法。

2.拉、搓結合的戰術運用應以拉攻為主，配合搓球，使對手不斷前後移動去接球，然後伺機進行突擊。

3.發短球搶攻與接發球搶攻的戰術運用，可採用自己特長的發球去找機會，伺機進行搶攻。接發球時，可以伺機大膽地採用突然性的接發球搶攻，用以爭取主動。

雖然結合技術訓練不同於戰術訓練，但它們兩者之間有著密切的聯繫：如果對某一結合技術訓練採用無規律的練習方式，以針對制勝某種打法為目的，實際這就是一種針對性的戰術訓練。所以，對於針對性戰術的訓練，讀者可以參看本書打法篇中「各種類型打法的訓練方法」中的結合技術的訓練。

# 五、乒乓球的戰術訓練

戰術訓練從本質上講就是對運動員的戰術行為進行培養和塑造，使他們能夠在思想上對戰術活動有所認

識。顯而易見，戰術訓練不單純是讓運動員學會幾招幾式，而在於對他們進行全方位的培養。

## （一）戰術行為的培養

戰術行為是指每個運動員在戰術活動中所表現出來的個體行為。戰術就是以戰術行為來表現的。因此，從某種意義上說，戰術訓練過程實質上是一個戰術行為的培養和塑造的過程。

### 1. 戰術意識培養

戰術意識又稱戰術素養，是指運動員在比賽中為達到特定戰術目的而決定自己戰術行為的思維活動過程。戰術意識強的運動員，能在複雜多變的競賽環境中，及時準確地觀察場上的情況，隨機應變，迅速而正確地決定自己的行動方案（包括個人行動及與同伴的協同配合行動）。

對運動員的戰術意識進行培養，首先應該了解戰術行為的意識性是從哪些地方體現出來的，這不僅有助於我們更深入地理解戰術意識，也使意識培養能夠有的放矢。

首先，這種有意識性表現在完成戰術活動的過程中，運動員不僅清楚自己採取某種行動的目的是什麼，要解決的問題是什麼，同時，還對自己所採取的行動可能產生的後果有所預測。

通常，我們說一個運動員缺乏戰術意識，實際上就

是指該運動員的行為過程缺乏其行動目的，不明確當前需要解決的戰術行動任務，對自己的行動後果也不甚清楚，因此，戰術意識的培養就應該從行動的目的與戰術行動的關係上著手，即讓運動員弄清要達到什麼目的需要採取什麼樣的行動，什麼行動可以達到什麼目的。

第二，戰術行為的有意識性表現在運動員對行為的環境的能動反映上。如乒乓球運動員意識到對手的正手弧圈球對自己有極大威脅的時候，就會在以後的回球中使球不出臺或者將球快速地回擊到對手不能側身正手拉球的地方，因為他很清楚地知道，一旦對手有了正手拉球的機會，就會對自己產生什麼樣的後果。正是由於人對某種情景所產生的後果有所預測，才有可能設法採取某種戰術行動使情景朝有利於自己的方向發展。因此，對運動員的戰術意識的培養還應發展其對戰術情景的識別能力和預測能力。

第三，戰術行為的意識性也表現在社會經驗的接受與個體經驗積累的交織上。由此看來，隨時隨地向運動員傳授戰術活動的經驗，並且要求運動員學會總結戰術經驗，是培養其戰術意識的必要手段和方法。很顯然，不善於總結經驗的教練員和運動員是難以做好這項工作的。

總之，戰術行為是個體有意識的行為，對這種行為的塑造首先就必須對其意識進行培養。嚴格說來，戰術意識的培養並沒有什麼固定的模式，因為一個人的意識

每時每刻都在形成。因此，我們只能提出幾種基本的培養方法供讀者參考。

（1）知識培養法

知識作為客觀和主觀存在的產物影響著人的意識，因此，組織運動員學習戰術知識是戰術意識培養的必要措施。透過模仿、認同和強化的學習，從而逐步形成戰術意識。

（2）問題解答法

意識的形成需要思考，教練員可以以提出問題情景的方式，要求運動員回答解決的辦法和方案。對於運動員的回答，無論正確與否都不能簡單地給予肯定或否定，而應以誘導的方式，由淺入深地進行分析和進一步地提問，這樣才可能使運動員思考得更加深入和開闊。這種方法可以在理論學習、戰術訓練以及觀摩比賽和觀看實戰錄影時進行。

提出的問題形式可以是多樣的，如「遇到這種情況時，你該怎麼去做」「如果是你，在這樣的情況下，你會怎麼做」「在這種情況下，為什麼要採取這種行動而不採取那種行動」等等。

（3）問題猜想法

問題猜想法是培養運動員對情景發展趨勢的判斷力以及想像力和創造性的一種方法。教練員可以用描述戰例片斷（最好有圖示）或播放實戰錄影片斷，讓運動員去猜想後面將會出現什麼樣的情況，不管運動員是否已

經回答出了實際情況（即與原戰例相同的情況），都應鼓勵運動員繼續去猜想，這樣才有助於運動員對一種情景可能引出的各種後果的準確推斷。

（4）引申練習法

所謂引申練習就是把問題不斷地引向種種變化之中，要求運動員不斷地解決新的問題。很顯然，這種方法有助於培養運動員的快速決策能力和思維敏捷性。這種方法可以在操作訓練中進行。

如教練員不斷地提出新的情況要求運動員及時作出反應。也可以以提問的方式來進行，如「當你遇到這種情況時，你將採取什麼行動」，得到回答後繼續提問「你的行動會引起對方什麼反應」，回答後再問「你準備再採取什麼措施」等等。

例如，我們運用下面的幾種方法來訓練運動員的戰術意識：

①訓練運動員觀察交戰對手在與其他人比賽時的情況

一定要注意觀察對手發球的動作。對對手擅長哪一方面的發球技巧、發球時具有哪些特徵、分配的情形如何、發球時球旋轉的威力及速度感和發球時機等等都要仔細觀察，這樣在相遇時才能從容應對。尤其是比賽開始時的發球和比賽後半段的發球，幾乎都是個人最拿手的，所以一定要看清其種類及使用方法。

但在實戰中比賽的前半段與後半段對手不見得會採

用同樣的發球，所以絕對不要死板。

其次，還要看清對手以何種方法接發球。例如接發球時，放短球的機率比較高還是打長球的機率比較高；如果發球到其反手位，是利用正手接球，還是利用反手回球。屬於後者的話，比較常用的反手技巧是什麼？何種發球是他較難應付的……等等，如果能事先了解對方打球球路的習慣，就更加有利。

此外，膠皮、球拍的種類，握拍的特徵等也是必須觀察的重點。收集各種情報，在腦海中整理，以建立與對方的作戰計劃。

在賽前收集對方的情報非常重要，可產生一種「好，我已經了解了！」的心情，安心地進行比賽。但要注意這種心情也會造成負面影響，原因是會有一種先入為主的觀念，認為「好，現在我要以這種方法來對付對方！」一旦對方展現出乎意料的動作，往往會措手不及。因此，也不要太拘泥於事先訂好的作戰計劃。

②訓練運動員在比賽前的練習中觀察對手的狀況

比賽前可透過以下情況，觀察對方心理狀態的穩定度。

● 眼睛是否不停地轉。

● 是否有時候要求長時間練習，有時候練習一會兒就停止等不自然的表現。

● 是否過分在意球的狀況而多次要求更換球。

● 是否很容易出錯。

●是否很容易出現同樣的錯誤。

關於以上的問題，如果「是」的答案較多的話，則表示對方的狀況不佳。如果忘了這些問題，無法在腦海中整理出答案來，就表示你的狀況不佳。

對於以上的問題，答案全都是「否」的話，表示對方的身體狀況不錯。如果這些答案你全部能夠整理出來，表示你的狀態也不錯。這樣就能發揮全部的力量。

③訓練運動員作戰時應該考慮哪些事項

●自己能做什麼？

●自己想做什麼？

●對方能做什麼？

●對方想做什麼？

不能取得這四項的平衡，就不算是好的狀態。比賽時，頭腦就像電腦一樣地發揮作用，將這四項綜合起來探討，就能決定在這個時候做什麼最好。

④訓練運動員如何戰勝一向打敗自己的選手

為什麼每一次都會輸呢？必須認真地思考這一個問題，要從技術方面、戰術方面以及心理方面來分析，對自己而言，也是一種很好的學習。

對於「一向都會打敗自己的對手」，也許他已經充分掌握了你的弱點：對方已經看穿你只會用那一種擊球方式；在何種情況下會採用發短球；如果被對方取得一分時，就會改變球路等等。對方已經完全了解你的習慣了，可是你自己並沒有察覺到這一點，所以就算實力相

同，但每次都會敗下陣來。

如果每次都輸的話，就要改變自己的戰術，多做嘗試，不讓對方看出你的弱點。要以這樣的觀點來研究自己與對手。

雖然，削球手不擅於打攻球、攻球手不擅於打削球是一般的見解，但是，不可以一開始就把它當成放棄獲勝的理由。

比賽時受到心理方面的影響極大，如果自己的水準較高的話，就算是與難纏的對手交手也能夠擊敗他。就算屢戰屢敗，也要繼續挑戰。

## 2. 運動技術培養時的戰術行爲訓練

運動技術和運動能力是構成戰術行爲必不可少的組成部分。通常認爲，運動技術是人在運動中相對合理而有效地完成動作的方法，從這個意義上講，我們可以把乒乓球戰術看做是根據戰術行爲的目的、任務將若干個技術動作組織成一個具有針對性的動作系列。在這裡，技術具有將各種動作聯繫在一起的作用。因此，我們可以這樣說，在戰術中必然地包含著技術的成份。

從乒乓球的實踐中可以看出，運動員的運動技術掌握和運用的熟練程度，直接影響著戰術行動的實施，因爲在運動員只能把注意力放在如何完成某個技術動作上時，就不可能解放自己的視野和思維去觀察和分析判斷場上的情景，以及思考下一步的行動。

也就是說，只有當運動員不再把注意力放在完成某

個技術動作上時，才可能表現出戰術行為。

以上的分析說明：其一，戰術行為的體現要以嫻熟的運動技術為基礎，因此，提升運動員的技術熟練性和運用技術的能力是發展戰術行為的必要前提。

其二，技術訓練要戰術化，不能單純地為練技術而練技術。在學習技術時就要讓運動員知道這樣的技術可以運用於什麼場合，可以在什麼情況下變通地使用，它的適用範圍以及與其他技術動作的連接方式等等。

同時，當運動員掌握了某些技術時，要讓其在不同的情景中去運用，以便使他在不同的條件下熟練靈活地運用這些技術。

### 3.心理因素與戰術訓練

運動員在球場上表現出來的戰術活動意識不強、戰術情景判斷不準、戰術行動出現偏差等狀況，以及新手上場後顯得手足無措，不知所為，往往就與他的心理因素有關。

針對戰術的心理訓練方法很多，下面簡單介紹幾種：

### （1）訓練如何掌握對方的心理

分析對手對動作的反應情況。例如剛開始發球時，將長球發到對手的正手位，這時對方的反應是接發球時發力打還是接發球時輕輕回擊。如果對手發力的話，表示對手充滿自信，狀況極佳，不然就是有些焦躁。

如果還不了解，可以連續一、兩次送出同樣的球。

要是對方感到慌張，在接發球的時候就會失誤，或者會打出不好的線路。

（2）訓練如何保持良好狀態參加比賽

● 對勝敗不要太在意，否則對自己無益。

● 每一球都要認真處理。

● 以輕鬆的心情進行比賽。

（3）訓練如何對付初次交戰的選手

掌握試探技巧。第一局的發球，可以試用全部的技巧，例如：發長球、發短球、發側旋球、發正手球、發反手球、發中路球等等，但是，在交戰前觀察對方的比賽中如果發現其弱點時，在試探中就不要使用這些技術。

接發球不要過於單調，可嘗試各種接球法，研究哪種接球法對於對手不利，這一點非常重要。

（4）面對比自己強或弱的對手時的戰術訓練

面對比自己強的對手：

● 面對強手要設定得分目標，如果取得目標分數，就要認為「今天已經獲勝了」，再慢慢將目標定高。

● 賽前應考慮，這種技戰術對對手是否有效，如果有效，表示過去的練習得到了成效。再此基礎上可作心理暗示：「只要努力就行」。

● 作心理暗示，「不論勝敗都應全力參加比賽，就算輸了也要有最佳的表現」，以這樣的心情進行比賽。

● 如果得分的差距太大，注意連續對打的時間不要

太短。儘量不要讓比賽提早結束,而且要認為「如果能夠好好利用這麼長的時間,也是學習的一種好方法」。

面對比自己弱的對手:

● 對付弱者,要先設定失分範圍,如果超出這個範圍的話,表示今天這場比賽已經輸了。

● 弱的對手也會打出好球來,遇到這種情形就當成是一種練習,不放過任何機會,以這種心情來對戰。

● 要是分數差距太大,任何一球都不能掉以輕心。要有「如果失了一分,這場比賽就算輸了」的認真態度。

### 4.戰術行為的靈活性培養

戰術行為要讓人捉摸不透,使對手無法把握其行動的規律而難以對他們進行控制。這就是戰術行為具有相當高程度靈活性的具體表現。所以,戰術行為的靈活性的培養是戰術訓練的高層次需要。

那麼,怎樣對運動員進行戰術靈活性的培養呢?我們先看看戰術靈活性的表現特徵:

第一,戰術靈活性表現在行動方法的多樣性上。一般來講,所掌握的戰術形式越多就越難以預測其行動的可能性。換句話說,戰術方法掌握和運用得越多,就會使對方對你的每一次行動都須作出一種複雜反應,這就降低了對手的反應速度,你的行動就可以在對方得出反應之前即可實施。這種多樣性特點很顯然是在戰術訓練過程中獲得的,這就要求教練員在訓練中儘可能使運動

員掌握更多的戰術方法，即使是對待同一種情景，也要讓運動員學會運用不同的方法。

第二，戰術行為的靈活性表現在多變性上。多變就意味著沒有一個固定的模式，戰術行動隨機而定、隨情而變，虛虛實實、聲東擊西。多變性以多樣性為基礎，沒有多樣就不能多變。但多變性還在於把多種方法溶為一體，相互聯繫，變通使用。

第三，戰術行為的靈活性還表現在個人技術的高度熟練化和技巧化，或者說，個人技術的高度熟練性和技巧性是戰術靈活性的前提。各種運動技術達到出神入化的境地才可能表現出戰術行動的靈活性。

第四，戰術行為的靈活性表現在行動的速度上。很顯然，行動的速度越快，給對手的反應時間就越短，因而就難以及時地作出應答行動。提高行動速度的方法很多，但歸納起來不外乎是提高動作速率的方法和掌握沒有前兆就實施行動的方法。前者培養運動員快速行動的能力，後者則是避免給對手一個將要行動的信號，使對手無法預測其行動將在什麼時候開始。

第五，戰術行為的靈活性表現出一種非常規性特點，這種非常規性的實質就是以奇制勝。出奇不意的行動使對方一時半會兒找不到對付的方法，因而行動的成功率很高。這種「奇」通常是運動員創造能力的表現，有時完全是運動員即興發揮，沒有前例的東西，當然也就找不到可以應付的方法。這就提醒我們在戰術訓練的

時候，要注意培養運動員的獨創性，要允許他們用自己創造的方式方法來解決問題。

總之，戰術行為的靈活性是多種因素綜合的結果，在一定的程度上，它與運動員本身所具備的身體條件和心理條件是有密切聯繫的。例如，一個神經系統強而均衡，屬於多血質氣質類型的運動員，其戰術行動靈活性就可能更好一些，因為他的先天條件具有更大的可塑性和可訓練性。相比較而言，他在學習和掌握戰術方法上要更快更容易一些。

但這並不是說除了這種類型的運動員外，其他類型的運動員都難以進行戰術行為靈活性訓練，實際上，在適當的訓練方法的指導下，每一名運動員都會在戰術行為的靈活性上有所提升。

因此，我們在進行戰術訓練時應注意以下幾點：

（1）戰術訓練方法的多樣性。戰術訓練所採用的方法和手段要注意時常變化，訓練方法的改變要求運動員不斷地去適應新的情景，這不僅有助於運動員掌握更多的戰術方法，也有助於運動員很快地適應環境，按新的要求去完成自己的戰術行動。

（2）戰術訓練方法應注意啟發性。一種訓練方法如果能使運動員在練習過程中有新的發現，能夠產生一定的聯想，那麼，這種方法就會對運動員的行為靈活性有所影響。

（3）戰術訓練方法應注意可派生性。可派生性是

指這種練習方法不會給運動員一個固定的行為模式，而是由這種方法可以不斷地產生出新的形式或變異。

（4）在戰術訓練時，應注意給運動員一個即興發揮的條件和前提。在完成某種戰術練習時，可在一定的時候給運動員一個即興處理當前情況的機會，無論運動員能否即興發揮或者是否處理恰當，都會對運動員的隨機應變能力有所鍛鍊。

總之，戰術行為靈活性的訓練和培養不是一朝一夕便可事成的，戰術行為的形成本身就是一個長期培養的結果，作為一種高層次的行為特質，更需要不斷地進行磨練和塑造。

## （二）戰術訓練中應注意的問題

### 1. 技術訓練與戰術訓練要緊密結合

技術訓練要在一定的戰術要求下進行，使技術訓練逐步達到戰術的要求，做到練為戰。但是戰術訓練又是以技術為基礎的，技術質量是戰術質量的保證。技術訓練與戰術訓練不能互相代替，基本技術和戰術訓練都必須有一定的比例安排，透過反覆練習，並且在不同訓練階段有所側重，才能使技、戰術達到熟練與提升。

### 2. 要練得「活」

乒乓球運動具有強烈的對抗性和高度的靈活性特點。因而對人的高級神經活動要求較高，既要能及時迅速地興奮，又要能及時地抑制，興奮與抑制過程的轉換

迅速，從而要求運動員變化快，控制能力強。

乒乓球中許多不固定的變化多端的靈活性訓練，不但有提升大腦皮層興奮與抑制迅速轉換能力的作用，而且在此基礎上，還有強化各種條件反射的作用。這種訓練有利於使運動員掌握比賽所需要的技、戰術。因此，不僅在練習結合性技術時必須練得「活」，即使在練習單項技術時也要注意。

如近、中臺結合（靈活移動步法，始終處於走動中擊球狀態），輕、重力量結合，上、下旋結合，快慢節奏變化等。又如練習手法（步法）時，不應忽視練習步法（手法）；練單線時，要適當地結合變線；練左（右）方時，不忘右（左）方；練推擋時，要注意結合側身攻；練拉球時，有機會也要發力攻；拉弧圈球時，有了機會要注意發力衝或扣殺。

這樣的訓練才不至於違反乒乓球運動靈活多變的特點，利於提升技、戰術訓練的質量。

### 3.抓好結合性技術和單個戰術的訓練

在乒乓球訓練中，有時容易將結合性技術與單個戰術弄混淆，原因是二者有相同之處。因而我們不僅要了解它們的相同之處，更要區別它們的不同之點。那麼，如何區分它是結合性技術訓練還是單個戰術訓練呢？主要視其不同的訓練目的和要求。

例如推擋側身搶攻，如果作為技術訓練，它要求的是從推擋到攻球的步法移動，要求揮臂自如，腰、臂發

力協調，兩個技術之間的動作銜接恰當，對某一板推擋或側身正手攻沒有特殊要求。它著重於技術範疇提出要求，以達到一定的數量指標和熟練技術為其主要目的。而單個戰術訓練則是從戰術角度提出要求。

首先是戰術意識，一拿起球拍就想到是比賽。其次是對某一板推擋或側身攻，在落點和力量方面提出帶戰術性的特殊要求。如找機會的一板推擋，要求角度大或重壓對方中路追身，或輕重力量相結合，迫使對方露出破綻；側身攻這板球，也是從戰術效果出發，要果斷大膽地把側身的位置讓開，力爭一記重扣置對方於死地。當然，也不是絕對的，不能一側身就必須重扣，有時也可以根據對手防守的特點，進行中等力量結合大力連續進攻及落點變化的訓練。

總之，這種訓練是以提升關鍵的戰術性的一板或兩板球為主要目的，力爭自己在這些方面不失手，從而達到制勝的結果。對此，還需要注意兩點：

第一，各種不同打法有著不同的結合性技術和單個戰術，千萬不能生搬硬套，否則會產生不良的後果。

第二，在不同的訓練階段要有所側重。如準備期應多進行結合性技術訓練；接近比賽期則應著重單個戰術、綜合戰術方面的訓練。

### 4.練好綜合戰術

在掌握各種基本戰術的基礎上，進一步將其有機地組織起來，組織成綜合戰術進行練習是非常必要的。在

綜合戰術的訓練中，要特別重視戰術意識的培養和實戰能力的提升。

（1）將同一單項戰術中的單套戰術有機地組合起來進行練習。例如：快攻型打法在分別掌握對攻戰術中「緊壓反手、結合變線、伺機搶攻」與「調右壓左、伺機搶攻」兩種單套戰術的基礎上，進一步將兩套戰術結合起來進行練習，提升對攻戰術的水準和效果。又如：弧圈型打法在分別掌握拉攻戰術中「變拉兩角，伺機發力衝、扣追身或空檔」與「連拉追身，伺機發力衝、扣兩角」兩種單套戰術的基礎上，進一步將兩套戰術結合起來進行練習，提升拉攻戰術的水準和效果。

（2）將不同單項戰術中的單套戰術有機地組合起來進行練習。將發球搶攻戰術與對攻戰術或拉攻戰術中的單套戰術結合起來練習。將接發球戰術與對攻戰術、拉攻戰術或搓攻戰術中的單套戰術結合起來進行練習。將搓攻戰術與對攻戰術或拉攻戰術中的單套戰術結合起來進行練習。

（3）針對不同類型打法，將各種基本戰術結合起來進行全面綜合練習。快攻型打法對快攻型打法的全面綜合戰術練習。快攻型打法對弧圈型打法的全面綜合戰術練習。弧圈型打法對弧圈型打法的全面綜合戰術練習。快攻型打法對削攻型打法的全面綜合戰術練習。弧圈型打法對削攻型打法的全面綜合戰術練習。削攻結合型打法對削攻結合型打法的全面綜合戰術練習等等。

# 主要參考文獻

● 全國體育院校教材委員會審定：《體育院校通用教材——乒乓球》，北京，人民體育出版社，1992年。

● 侯文達：《高等學校乒乓球教材——教學與訓練》，北京，北京大學出版社，1994年。

● 趙貽賢等：《乒乓球十日通》，北京，京華出版社，1998年。

● 郝光安等：《網球、羽毛球、乒乓球技法入門》，北京，北京體育大學出版社，1994年。

● 體育學院通用教材：《乒乓球》，北京，人民體育出版社，1979年。

● 唐思宗等：《身體訓練學》，成都，成都科技大學出版社，1992年。

● 謝亞龍等：《中國優勢競技項目制勝規律》，北京，人民體育出版社，1992年。

● 岑淮光等：《怎樣打好乒乓球》，北京，人民體育出版社，2001年。

● 滕守剛：《乒乓球高手》，長沙，湖南文藝出版

社，1999 年。

● 田麥久：《運動訓練學》，北京，人民體育出版社，2000 年。

● 蘇丕仁：《乒乓球教學與訓練》，北京，人民體育出版社，1995 年。

● 趙修琴：《中國乒乓球圖解技戰術全書》，北京，中國物資出版社，1999 年。

● 丘鍾惠等：《現代乒乓球技術的研究》，北京，中國物資出版社，1982 年。

● 程雲峰：《圖解乒乓球基礎技術》，哈爾濱，黑龍江科學技術出版社，1998 年。

● 溫國昌：《乒乓球教學與訓練》，河南科學技術出版社，1986 年。

● 凌群立等：《教你打乒乓球》，南京，江蘇科學技術出版社，1999 年。

● 盧峰等：《體育競賽戰術技巧指南》，成都，電子科技大學出版社，1994 年。

● 林曉彥：《乒乓球入門》，合肥，安徽科學技術出版社，1998 年。

● 方凱軍等：《中國乒乓球戰例精選四十春》，北京，中國乒乓球協會、人民體育出版社，1999 年。

戰
術
篇

# 大展出版社有限公司
# 品冠文化出版社

## 圖書目錄

地址：台北市北投區(石牌)
　　　致遠一路二段 12 巷 1 號
郵撥：01669551＜大展＞
　　　19346241＜品冠＞

電話：(02) 28236031
　　　　28236033
　　　　28233123
傳真：(02) 28272069

## ・少 年 偵 探・品冠編號 66

| | | | | |
|---|---|---|---|---|
| 1. | 怪盜二十面相 | （精） | 江戶川亂步著 | 特價 189 元 |
| 2. | 少年偵探團 | （精） | 江戶川亂步著 | 特價 189 元 |
| 3. | 妖怪博士 | （精） | 江戶川亂步著 | 特價 189 元 |
| 4. | 大金塊 | （精） | 江戶川亂步著 | 特價 230 元 |
| 5. | 青銅魔人 | （精） | 江戶川亂步著 | 特價 230 元 |
| 6. | 地底魔術王 | （精） | 江戶川亂步著 | 特價 230 元 |
| 7. | 透明怪人 | （精） | 江戶川亂步著 | 特價 230 元 |
| 8. | 怪人四十面相 | （精） | 江戶川亂步著 | 特價 230 元 |
| 9. | 宇宙怪人 | （精） | 江戶川亂步著 | 特價 230 元 |
| 10. | 恐怖的鐵塔王國 | （精） | 江戶川亂步著 | 特價 230 元 |
| 11. | 灰色巨人 | （精） | 江戶川亂步著 | 特價 230 元 |
| 12. | 海底魔術師 | （精） | 江戶川亂步著 | 特價 230 元 |
| 13. | 黃金豹 | （精） | 江戶川亂步著 | 特價 230 元 |
| 14. | 魔法博士 | （精） | 江戶川亂步著 | 特價 230 元 |
| 15. | 馬戲怪人 | （精） | 江戶川亂步著 | 特價 230 元 |
| 16. | 魔人銅鑼 | （精） | 江戶川亂步著 | 特價 230 元 |
| 17. | 魔法人偶 | （精） | 江戶川亂步著 | 特價 230 元 |
| 18. | 奇面城的秘密 | （精） | 江戶川亂步著 | 特價 230 元 |
| 19. | 夜光人 | （精） | 江戶川亂步著 | 特價 230 元 |
| 20. | 塔上的魔術師 | （精） | 江戶川亂步著 | 特價 230 元 |
| 21. | 鐵人Q | （精） | 江戶川亂步著 | 特價 230 元 |
| 22. | 假面恐怖王 | （精） | 江戶川亂步著 | 特價 230 元 |
| 23. | 電人M | （精） | 江戶川亂步著 | 特價 230 元 |
| 24. | 二十面相的詛咒 | （精） | 江戶川亂步著 | 特價 230 元 |
| 25. | 飛天二十面相 | （精） | 江戶川亂步著 | 特價 230 元 |
| 26. | 黃金怪獸 | （精） | 江戶川亂步著 | 特價 230 元 |

## ・生 活 廣 場・品冠編號 61

| | | | |
|---|---|---|---|
| 1. | 366 天誕生星 | 李芳黛譯 | 280 元 |
| 2. | 366 天誕生花與誕生石 | 李芳黛譯 | 280 元 |
| 3. | 科學命相 | 淺野八郎著 | 220 元 |

## ・女醫師系列・品冠編號 62

## ・傳統民俗療法・品冠編號 63

## ・常見病藥膳調養叢書・品冠編號 631

國家圖書館出版品預行編目資料

乒乓球打法與戰術 / 岳海鵬 著
－初版－臺北市：大展，2003【民92】
面 ； 21 公分 －（運動遊戲；23）
ISBN 957-468-205-6（平裝）

1. 桌球

528.956                                   92000812

# 乒乓球打法與戰術     ISBN 957-468-205-6

著　　者 / 岳　海　鵬
責任編輯 / 史　　勇
發 行 人 / 蔡　森　明
出 版 者 / 大展出版社有限公司
社　　址 / 台北市北投區（石牌）致遠一路 2 段 12 巷 1 號
電　　話 / （02）28236031・28236033・28233123
傳　　真 / （02）28272069
郵政劃撥 / 01669551
網　　址 / www.dah-jaan.com.tw
E - mail / dah_jaan@pchome.com.tw
登 記 證 / 局版臺業字第 2171 號
承 印 者 / 國順文具印刷行
裝　　訂 / 協億印製廠股份有限公司
排 版 者 / 弘益電腦排版有限公司
初版 1 刷 / 2003 年（民 92 年）4 月
初版 2 刷 / 2004 年（民 93 年）4 月

定價 / 220 元